外山滋比古

●●

乱読のセレンディピティ

扶桑社文庫
0640

文庫版のためのまえがき

本はナメるように読むのがよい。

ずっと、そう考えていた。難しい本を、じっくり、丁寧《ていねい》に読む。なんなら、二度読み返すくらいにするのがためになる、そう思っていたのである。

それが、いつの間にか、ゆらぎ出した。本べったりになっていると、読んでいるつもりの本に呑《の》みこまれて、自分を見失ってしまう。知識は得られても、みずから考える力は育たない。借りものを自分のもののように考えるのはよろしくない。

本は風のように読むのがよい。

そう思うようになったのである。

転向のきっかけがある。

大学が卒業論文を書かせていたころ、よく勉強する、まじめな学生が、つまらぬレポートのようなものを書いた。参考にした本を引きうつしにしたようなものもある。それが知的正直にもとるという自覚すらないのだからあわれである。

それに引きかえ、あまり勉強に熱心でなく好きな本を読んでいる学生が、ときとして、生き生きとした、おもしろいモノを書いた。論文とは言えないにしても、自分の考えたことが出ているのである。少なくとも人の考えを借りて自分のもののように思うといった誤りはおかしていない。やはり、本を読みすぎるのは問題である。そう思って、本の読みすぎを反省したのである。

気の向いた本を、手当りしだいに読むのは、たのしいが、それだけでなく、おもしろい発見もある。知的刺激ということからすれば乱読にまさるものは少ないようである。

妙に力を入れるのではなく、風のように読むのがおもしろい。

乱読がおもしろいということを考えた。

二〇一六年　秋

外山滋比古

乱読のセレンディピティ　目次

3 読書百遍神話

4 読むべし、読まれるべからず

5 風のごとく……

6 乱読の意義

7 セレンディピティ

8 『修辞的残像』まで

15 散歩開眼

16 朝の思想

1
本はやらない

距離の美学

「また、本を出したようじゃないか。いつものことだが、おれたちにはくれない。くれたっていいじゃないか」

中学以来の旧友だから遠慮がない。さすがにケチケチするな、とは言わないが、それをにおわせた口吻《こうふん》である。こちらはなれているから、たじろいだりしない。

「こう言っちゃわるいけど、キミたちのように親しい人には読んでもらいたくない。なんだか恥ずかしいんだよ」

「わからないナー。読まれたくないのなら、そもそも、どうして本を出すんだ。気がしれない……」

「知っている人、親しい人に読まれるのが気恥ずかしいんだ。うちの家族にも本を見せない、読まれたくないのだ。そのかわり、どこのだれともわからない人にはひとりでも多く読んでほしいと願っている」

「どうもキミの理屈はわからない。親しいと思っているのに、本もくれないのでは、やっぱり淋しいよ」
「すみません、わがまま言って……」

本を知友に贈らなくなったのは、ちょっとした覚悟の末であった。

本を出すようになったのは三十代半ばをすぎてからで、年をとってからの子どもはとくに可愛いというが、おそまきに自分の本が出たときは半ば有頂天である。何十冊も寄贈していい気になっていた。

ある年、暮れになってから私の本が出た。年末だが、いつものように本を贈った。年が明けても、受け取ったというはがきも来ない。気の置けない人にきいてみると、届いていない。ほかの人にたしかめるのはばかれるが、どうも不着だったらしい。年末のアルバイトの郵便配達が年賀状を配達しないでドブに捨てたというニュースのあったころである。こちらの本はドブに捨てるにはいくらかカサ張るが、川へ流すことはできる。そんなことを想像して、いやな気がした。年末なんかに送ったのがいけない、と後悔しているうちに、だいたいつまらぬ本を忙しい人に送りつけるのは、よくないことだ、と思うようになった。

先輩、知友に自著を贈るのは、著者の勝手である。くれと言われているのでもないのに送りつけるのだ。もらった方では知らん顔もしていられないことが多い。とりあえず、受け取ったという礼状を書かなくてはならない。もちろんまだ読んでいない。「いずれ、ゆっくり拝見いたしたく……」などと書いても、いずれ、などという時がやってくるわけがないから、つんどく本になればいい方である。

自分のことをふり返ってみても、人から本をもらうのは、ありがたさ五分、めいわく五分ということが多い。礼状を書くのがおっくうだし、礼状を書くと読む気がうせることが少なくない。むやみにひとさまに本を贈るのは社交としても、あまり感心したことではない。そう感じるようになった。

そこへもってきて、送本不着の事故である。いっそのこと本など人にやらなければいい。これからは一冊も寄贈しないということにしようと心に決める。

だいぶ誤解されたようである。

出版社の人は、いくらかでも買いとってくれたらいいのにという顔をする、声を出す。こちらは心を鬼にして、「寄贈は一冊もしません」と告げる。なれればなんていうこともない。このごろでは、向こうがのみこんでいる。寄贈先を気にすることはない。本が出ても、さっぱり、わずらわしいことはなくてありがたい。

〝貰《もら》ったクスリはきかない〟という。クスリはやはり買うべきものである。高いほどよくきくように思われて、クスリ屋を喜ばせる。本はクスリほどありがたいものではないが、やはり、金を出して買うのが本すじである。もらった本は、おもしろくないものだ。感心するのは買った本である。

書いた人間の顔がチラチラするようでは本当の読書にならない。どんなすぐれた著者の本でも、近い人の心をゆさぶるのは難しい。親、きょうだいの書いた本を読みふけるというのはノーマルではない。親しい友人のは本でも著者のイメージをふり払い、じかに本に接するのは困難だ。友人の本のよき読者になりにくい。

中学以来の友人に読んでほしくないという気持ちは、近すぎるからで、近いものは近いものによい影響を与えない、という人情に根ざしているものである。

読書にも距離の美学がはたらく。

近きものはうとましく、遠きものが美しい。ふもとに立てば石ころと赤土の肌があらわで目をそむけたくなるが、遠くからながめると、青くかすんで美しい。

人間もいくらか似ていなくもない。

すぐ近くにいると、とかくアラの方が目に入りやすい。ふだん身近にいる人をえらい人だと思うことは珍しい。〝従僕に（とって）英雄なし〟といわれるゆえんである。そう考えたら、むやみに人を近づけるのは考えものである。

人と交わるには遠くの人がいい。まわりの親しい人とだけ付き合っていれば、美しいもの、純なものにふれることはむずかしい。

モモタロウのおとぎ話は、近くのもの同士で生きる危険を暗示している。川から流れてきたモモは遠い人である。これを迎え入れることによって気はやさしくて力持ちの英雄が生まれる。

朋《とも》アリ遠方ヨリ来ル（論語）。こういっては悪いが近くの友は、それほどありがたく、タノシイとはなりにくい。

遠い人は素性がよくわからなくて不安になることが多いが、よろこび、新しいものはその不安の中から生まれる。なれ親しんだ仲間、親しきものは、多く、不毛である。われわれはよく知っているものごとや人間からよい影響を受けることが下手である。その代わり、えたいの知れない遠くのものから、おもいがけない美しき誤解とともに深い教えを受けることができる。

本は身ゼニを切って買うべし

本は買って読むべきである。

もらった本はありがたくない。ためになることが少ない。反発することが多い。どこのだれが書いたかはっきりしない本から著者自身も考えていなかったような啓示を受けることがある。本は身ゼニを切って買うべし。そういう本からわれわれは思いがけないものをめぐまれる。

このごろは図書館が整備されているから、買わなくても借り出して読むことができる。昔は考えられなかったことで、社会として誇ってよいことである。

便利になったと喜んでいる人が多いが、少し、考えが足りないように思われる。図書館の本はタダで読める、というのがすばらしいというのは常識的で、タダほど高いものはない。自分の目で選んで、自分のカネで買ってきた本は、自分にとって、タダで借り出してきた本より、ずっと重い意味をもっている。図書館の好みで入れた本をタダで借りてくるのは自己責任の度合が少ない。もちろん、図書館の本でも感動できる、自分のためにもなる。しかし、自分の目で選んで買ってきて、読んでみて、しまった、と思うことの方が重い読書をしたことになる。

本を選ぶのが、意外に大きな意味をもっている。人からもらった本がダメなのは、その選択ができないからであり、図書館の本を読むのがおもしろくないのも、いくらか他力本願的なところがあるからである。

あふれるほどの本の中から、何を求めて読むか。それを決めるのがたいへんな知的活動になる。いい加減に本を買ってくれば、失敗の方が多いのは当然である。

賢い読者は、その失敗から学ぶことができる。しかし賢い人は用心深いから、失敗をおそれて、しかるべき案内を求める。

おそるべき書評

新刊については、新聞、雑誌に書評が出る。用心深い読者は、書評を指針にして本を選び読む。これも自己放棄である。

このごろの書評は多く署名つきである。無署名の書評のできる人は、少なくとも日本には数えるほどしかいないと想像される。

肩書き付きの実名でする書評が、その本を正しく紹介、批判、案内することはたいへん難しい。せまい専門についての知識をもっているだけで、まっとうな書評ができるとは限らない。

あまりにも、近い書評家である。あわただしく読んで、あわただしくまとめたような書評が正鵠《せいこく》を射るということはまずあり得ないだろう。

イギリスの書評誌「タイムズ文芸批評」はもっとも権威ある書評で知られる。もちろん匿名である。五十年くらい前のことになるが、思い切ったことをした。二十五年前の誌面をそっくり再刊したのである。よほどの自信がなくてはできないことである。

同誌はその自信とプライドをもっていたのである。再刊されたものを見て読者はおどろく。

好評、賞賛を受けていた本が、再刊で見るとさほどでもない、どころか、世間から忘れられてしまっているものが少なくない。〝今年最大の収穫〟などと評せられた本が、いまほとんど名も知られなくなっているのである。そうかと思うと、出たとき欠点の多いとされた本が、いまや古典的になりかけているという例もあって、同時代批評というものの難しさを如実に示した。

もとの書評が正しかったのか、いまの読者の評価の方が正しかったのか、の問題ではない。新刊書の書評は短命であることをはっきりさせた点で、この「タイムズ文芸批評」再刊は大きな意味をもった。

インスタント批評、新しい本の書評というものがいかに困難なことであるか、ということをわれわれは知ることができた。いま肩書き付き実名で新刊書評をしている識者は、その危険を承知の上で、あえて、責任を明らかにするというのであれば、これは大した知的勇気である。いまの日本はそういう書評家を支えるだけ成熟しているというのであろうか。

私はこの「タイムズ文芸批評」再刊が出る前から、書評おそるべし、と思い、めったなことでは書評はすまいと、心にきめた。

かけ出しの研究者に、原稿依頼があるとすれば書評である。原稿用紙二枚半、締切りいついつ、と指定される。なんでもしたい若いうちは二、三度、応じて試みたことがある。引き受けてからが大変。一度だけでは心もとないから二度読みたいが、その時間がない。実際、再読したこともあるが、かえって考えが分かれて、まとまりにくい。いつも後味がはなはだよろしくない。

あるとき、これからは書評をしない、と心にきめて、書評の依頼はすべて断わった。そのうち注文されることもなくなり、気が楽である。それを知らないところから書評を頼まれると、書評はしないことにしていると言って断わる。一人前ではないというひけ目はずっともちつづけている一方、書評などすべきものではないという思い込みもうごめく。

もっともおもしろい読書法

ひとの意見によることもなく、自分の判断で本を選び、自分のカネで買う。買った以上、読む義務のようなものが生じやすいが、読んでみて、これはいけない、と思ったら、読みかけでもさっさと放り出す。いかにも乱暴のようだが、いやな本を読んでも得るところは少ない。放り出してから、どうして読み終えられなかったのかということを反省する。

手当たり次第、本を買って、読む。読めないものは投げ出す。身ゼニを切って買ったものだ。どうしようと、自由である。本に義理立てして読破、読了をしていれば、もの知りにはなるだろうが、知的個性はだんだん小さくなる。

新刊は新しすぎる。古本は古い。ちょうど読みごろの出版後五、六年という本は手に入れることもままならない。図書館はここで役に立つ。

だいいち、どういう本が出ているか、読者は知ることができない。本が多すぎる。小さな書店には店主の思いつきの本がちょろちょろ並んでいるだけ。こんなところで、おもしろそうな本を見つけるのは木によって魚を求むるに近いことになる。かといって大型書店へ行くと本の海である。羅針盤のない読者は途方にくれる。

結局、やみくもに手当たり次第、これはと思わないようなものを買ってくる。そうして、軽い好奇心につられて読む。乱読である。本の少ない昔は考えにくいことだが、本があふれるいまの時代、もっともおもしろい読書法は乱読である。

人に寄贈した本ではこういう乱読がむずかしい。それで、私は、人に本を差し上げない。それに、書評もしない。これも自分を大切にしたいのである。

乱読がよろしい。読み捨てても決して本をバカにしてのことではない。かりそめの読者がしばしば大きなものを読みとる。

3

2

悪書が良書を駆逐する?

1

「禁書目録」

これまで世界でもっとも多く読まれたのは、バイブル、聖書であるということになっている。ヨーロッパ中心に、主な国はその国のことばの聖書訳がある。何種類もある。英訳聖書では欽定訳聖書がすぐれているといわれるが、そのあとに出た「姦淫聖書」（邪悪聖書）はそれ以上に有名で、世界中が関心、興味をもった。

一六三一年、ロンドンで印刷された。モーゼの十戒中、七番目は「汝《なんじ》、姦淫すべからず」（Thou shalt not commit adultery）の「べからず」（not）が落ち「姦淫すべし」となったまま出版されてしまった。発行後、気づいた教会はただちに全部回収、焼却を命じた。厳命だったから残存するものはあるはずがないのに実際に三部だか残っていたというのが、また有名である。

公表ではそうでも、本当はもっと多くのものが隠匿されたにちがいない。悪書はしぶとい。禁止令くらいで完全になくすることはできない。禁書になるからおもしろいのである。いけないといわれるほど見たくなるのが人間である。

カトリック教会は、昔から、毎年、信者が読んではいけない本のリスト、「禁書目録」を公表している。信仰上、のぞましくない思想をふくんでいるとか、信者にとって有害と考えられた書物を槍玉に上げる。

それに従って読むのをひかえる信者がもちろん多いであろうけれども、逆に、この目録によって禁書になると、それまで何とも思っていなかった本が急に魅力的になり、こっそり読むという〝不届き者〟がかなりあるらしい。

信徒でないものは、カトリックに対して関心をもつことが少ないが、禁書を公表すると、そういう本に興味をもつようになったりする。つまり、カトリック教会は、禁書をつくって、それを推薦していることになり、一般に向かっても、〝おもしろい〟本を喧伝することになる。

禁書の方が推薦される本より、おもしろそうに思われるのが、人間である。〝諸家絶賛〟をうたい文句にした宣伝文をつくっても、それで読みたくなるのは〝悪く〟常識的な人である。いくらかでも個性をもっていれば、諸家がこぞってほめるようなものに〝おもしろい〟もののあるわけがないという見識をもっている。

戦前の青年はいまよりもよく本を読んだが、あまり個性的ではなかった。そして常識的読者が多かった。哲学的なものが高級だと信じこんで、難解な翻訳にとり組んで意気がっていた。わかりにくい翻訳書が読みやすい啓蒙書以上に人気があったのは、よくわからないからである。おもしろくないからである。翻訳者自身もはっきりわかっているかどうか疑わしい翻訳である。闇夜のコウモリを追うようなもので、音はすれども姿は見えず。こういう本と格闘するのは青春のぜいたくと虚栄である。わかりにくいから、悪書だから、まっとうな良書を圧倒した。

戦前は、社会主義的思想が権力によって禁止され、活動すれば処罰を受ける。いけない、と言われるから、こわいもの見たさ、というわけでもないが、心ひかれる。こっそり読む禁断の実はつねに甘美である。命令されたら逃げ出すようなものが、近づいてもいけない、などと言われると、つい、のぞいて見たくなる。禁じられているのだから遠慮しよう、近づかないようにしよう、というのは弱志薄行のやからとされる。

昔の若者は、危険思想に心ひかれたが、おもしろいからではない。よくわからないからである。社会主義思想の本はほとんど翻訳であって、その訳文は日本語ばなれしている。だから、おもしろいと錯覚する。

そこへもってきて、〝お上〟から禁じられている、というのである。それで意欲が高まらなかったらおかしいのである。数十年たった現在、そのもたらした成果として見るべきものがどれだけあったかを考えると、かつて流行した社会主義の本は〝悪書〟であったことがわかる。その猛威に屈して声なく消えた良書がどれだけあったかしれない。

読書不自由の時代

近年、若い人たちが本を読まなくなった。出版関係だけでなく、心配する人たちが少なくない。それで、文字・活字文化振興法なる法律ができた。もっと本を読みましょうというキャンペーンのつもりであろうが、それで読書人間がふえるように考えるとしたら、少し見当が甘いと言ってよい。

別に空腹だと感じていないときに、とにかく、もっとものを食べないと体のためにならないなどと注釈をつけて、ご馳走《ちそう》を山と出されたらどうだ。うんざり、へきえきである。読書をすすめるのはしばしば逆効果になる。人間には天邪鬼《あまのじゃく》なところがある。すすめられるとうるさく感じるし、禁じられると手を出したくなる。

読書推進を本当に考えるなら、本を少なくすることだ。年に何万点もの新刊が出るという話をきくだけでも、読書欲は萎縮する。

戦後間もないころ、出版は不振をきわめた。本を出したくても紙がない。ほかのものに比べて本の定価はひどく高い。決して読書に良好な状況ではなかった。買いたい本が手に入らない。古本屋で探し当てると鬼の首をとったような気持ちになる。

哲学者の全集が出る当日、版元の前に、始発の電車できたファンが長い列をつくった。そういう話をきくと、もともと関心のなかったものまで、つられて、行列に加わったりするのである。

売り切れた、と言われると、何とも言えない気持ちになる。どうしても手に入れようと思う。

外国の本が入ってこなくなったのは、戦争になる前からであった。戦前、戦中、戦後の十年くらいの間、外国の本はいっさい入ってこなかった。それが、外国の文物に対する関心をどれくらい高めたかしれない。

欲しい本を求めて古本屋めぐりをするのはなかなかおもしろかった。苦労して手に入れた本は宝物のようである。値段なんか問題にしない。食費を惜しんでも本を買う。読書がありがたく思われたのは、本が手に入りにくかったためだけではないが、大きな理由ではある。

読書不自由の時代を通じて、青年たちは西鶴《さいかく》に興味をもった。およそ文学に趣味、関心のなさそうな若者が西鶴に強い興味をもった。好色文学を愛したのではない。そのころの版本は、少しでもワイセツと見られるところをすべて伏せて〇〇で表記した。それがおもしろいのである。伏せ字になっていることばを考えるもの好きもある。伏せ字は多ければ多いほど人気があった。

戦後になって、伏せ字のなくなった版が出ると、それまで伏せ字になっていたのが実に他愛ないことばであることがわかって幻滅、西鶴も輝きを失ってしまった、という人が少なくない。それどころか、ほとんどがそうであったらしい。専門の国文学者でもかつてのように西鶴をありがたがらなくなったかのようである。

かくされているから好奇心をそそられる。白日《はくじつ》のもとにさらしてみれば、目をそむけたくなる。危ないのがおもしろい。安全、健全なものは退屈にきまっている。人間はそういう先入主をもっているらしい。

禁じられた読書

戦前の家庭は子どもが新聞を見ることを禁じていた。はっきり禁止しなくても、読ませないように気を配っていた。

スポーツ選手が結婚するという記事が社会面にある。子どもの知っている名選手だから見たがるのだが、親は、子どもがそんなことを読んではいけないと、新聞をとりあげる。〝結婚〟という文字が子どもには有害だ、と考えられていたのである。

そんな調子だから、新聞小説が読みたくても読むことができない。子どもだけでなく、手伝いの若い女の子も、門の郵便受けへ新聞をとりに行き、ゆっくりゆっくり歩いているうちに小説を読んだ。それで速く読むことができるようになる。

母親が読んでいる婦人雑誌にはなにやらあやし気なことが書いてあるらしい。母親が神妙な顔で読んでいるのを見て、読みたくてしかたがない。しかし、決して許しがでない。母親は読み終わると、どこかへ雑誌を仕舞いこんでしまう。

母親が出かけて留守になると、かくされた婦人雑誌をさがし出して、むさぼり読む。漢字には仮名がふってあったが、半分もわけがわからないながら、ひどくおもしろい。胸をわくわくさせて、急ぎ読みする。母親が帰ってくる前にもとのところへ戻しておかないと大変なことになる。

そうしているうちに、速読のコツみたいなものを身につける。時間と競争である。ぐずぐずしてはいられない。気をひきしめ注意を集中しなくてはなにもわからなくなる。夢中だと自分では思っていないが、あんなに集中したことはめったにない。

禁じられた読書は実におもしろい。わけがわかっておもしろいのではない、よくわけがわからないままでおもしろい。悪いことをしているという意識がかくれ読みの楽しさを支える。

いまの子どもは何でも読む。読んではいけない、といわれるものは、まず、ない。どんな本でも読んでいれば、親は友だちと遊んでいるよりどれほどましかしれない、と考える。

図書館へ行く子どもづれの母親が少なくない。自分と子どもと両方の借り出しだろうが、かかえきれないほどの本をもって満足そうである。今の子どもは仕合わせだという人もあろうが、かつて婦人雑誌をかくれて読んだ人間から見ると、むしろ、可哀想に思われる。あんなにたくさん本をあてがわれたら、本に食傷しない方がおかしい。いつも満腹していては、うまいものでも食べたいという気がおこらない。食べるには、空腹でなくてはならない。空腹にまずいものなし、と言われるように、本を読むなと言われると、何でも読んでみたくなる。読ませたかったら、まず、読むことを禁止するのが案外、もっとも有効な手となる。

どんなにおもしろい文章でも、学校の教科書に載ったら、おしまい、つまらなくなってしまう、と言われる。学校で丁寧に説明してもらい、しっかり読めば、いっそう価値のある文章となってよさそうなものだが、実際は、そうはならない。例外なく退屈である。

義務感がいけない。押しつけられているのがいけない。読む人間の出る幕がなくなるのである。自分が無視されているところが愉快でない。教科書に対して、生徒はつねに受動的である。かくれて読み、禁書を読むのははじめから自己責任である。かくれて飲む酒は、すすめられて飲む酒よりつねにうまい、にきまっている。

試験勉強をしていると、すぐ疲れる。ぼんやり休憩しているとふだんは見向きもしない難解な哲学書などが目に入る。軽い気持ちでのぞいてみると、思いがけずおもしろい。つり込まれてついいつまでも読みつづける。そして肝心な試験勉強の本へ戻るのがひどく遅れてまずいことになる。この場合、ふだんならつまらない本が、当面、しなければならない試験勉強を遠ざけるのである。道草の読書は悪書。勉強の本は良書である。だから、悪書は追い出されない。悪書は良書を駆逐するルールはここでもはたらく。

心ある読者

おもしろい本とためになる本があれば、たいてい、おもしろい本が悪書、ためになる本は良書になる。

コインで、悪貨は良貨を駆逐するという命題が有名である。悪貨がつよいのは流通するからで、良貨は価値が大きいから、使うのはもったいない、というので使わず温存される。やがて出まわるのは、悪貨ばかりとなるのである。

本の場合、おもしろくて、わかりやすいもの、あまり推奨されない価値の低いのが悪書である。有用な知識、価値のある考えなどを含んだものは、良書である。良薬と同じで口に苦《にが》い。放っておけば、いつとはなしに姿を消すのである。

貨幣の良貨は悪貨にやられっぱなしで、これを救済する人もなく湮滅《いんめつ》にまかされているが、書物の良書については、これを救済し細々ながら流通させるはたらきをする識者があらわれて良書の命を守りつづけ、次の世代に伝えてきた。それが少数の良書。古典として生き残ることができる。

近代になって、この良書の保存、伝承の役を引き受けたのが、学校教育である。

学校は読む力をつけるのにおそろしく多くの時間とエネルギーをとられて、良書と悪書の関係などに配慮しているゆとりがない。

良書の部分的引用を読ませて、良書を伝承するはたらきをしているように考える。実は本を読むことの嫌いな人間をふやすだけにとどまっているのかもしれない。

良書を強制的に教え込むのに熱心なあまり、良書ぎらい、悪書好きを育てる結果になって自らの活力を弱め、悪書の量的支配を許してしまったことには気がつかない。

悪書はいつの時代でも、良書を駆逐しようとしている。大量に悪書を製造する現代において、良書との区別そのものがあいまいになっている。活字文化の危機といってよい。

本を読むものは、なぜ読むのか、何を読むべきか、いったい、おもしろい本というのはどういう本かなど、これまで考えられることの少なかった問題がいくつもある。

心ある読者が求められている。つまり、自己責任をもって本を読む人である。自分で価値判断のできる人。

知的自由人。

4

3

読書百遍神話

2

論語読みの論語知らず

戦前の小学校には〝国語〟の授業はなかった。〝読み方〟を教わる。〝読み方〟とは、文字を声を出して読むことであり、やがては声を出さずに文章を読む。それが〝読み方〟であった。これに対して〝書き方〟の時間もあった。これは文章の書き方、作文の授業ではない、筆で字を書く書道のはしくれみたいなものであった。文章を書くのは、〝綴《つづ》り方〟といったが、授業はなく、たいてい宿題である。短文を書いて先生に提出する。先生はそれを見て、コメントをつけて返す。忙しい先生は手抜きをする。「関」という文字を円でかこんだスタンプ印があって、これを押しただけで返ってくる。心を入れて綴り方を書くものはなくなるのである。

つまり、昔の小学校は文字を読む〝読み方〟だけしか教育はしていなかった。漢字を用いる日本では、文字を読むのにたいへんな教育が必要で、日本人の知的活動にとって大きな負担である。文字の読みが大問題で、その文字が意味をもっているということをうまく教えられる先生は少なかったのではあるまいか。

子どもはつねに、意味コンプレックスに苦しめられる。読めても読めないことがきわめて多い。それをおかしいとも思わない。大人になっても、論語読みの論語知らず、ばかりになる。文字、文章を声を出して読めれば、意味がよくわからなくても、読めた、と自他ともに考えた。

ことばや文章の意味をとるのは、声を出して読めるのとは、まったく違ったことであるということを日本人ははっきり教えられなくてはいけない。仮名に当たる文字しかない国では、音読できれば、意味もわかっている。別に意味を教わる必要はない。

日本語では音読できても意味のわからないことはいくらでもある。

極端な話、僧侶のとなえる読経《どきょう》はほとんど意味もわからずに声だけ出しているのだが、それをおかしいという人もない。意味などわからなくてもお経はけっこうありがたい。意味がはっきりしない、わからないからこそ、お経はいっそうありがたい、という気持ちを共有しているのだから、天下泰平である。

難解文をありがたがる

このごろは、さすがに、そんなことはないが、かつては高級な総合雑誌には巻頭に論文がのっていた。それが申し合わせたように深遠かどうかは別として難解、少しくらい教育を受けたくらいでは歯が立たない。闇夜にコウモリのたとえがある。音はすれども姿は見えない。ひょっとすると、書いた本人にもしかとした意味のわかっていないかもしれない論文である。本当にわかった人、わからないとわかった人のいずれも黙して語らず、少しばかり見当をつけた読者が、すごい大論文だ、などというから、口真似をして、すごい、すごい、といっていればいいのである。

もし平明な文章だったりすると、かえって非難されるにきまっている。執筆者は容易にはわからない文章を書く技術を磨かなくてはならない。わかりやすい文章を書くのは難しく、チンプンカンプンの文章を書くのはいともやさしい。そういうことを、教わらなかった日本人はずっと長い間、わけのわからぬ難解文をありがたがる悪習から抜け出すことができなかった。

悪文、難解文をそれとも知らずに読む社会にすぐれた読書文化ができるわけがない。

小学校の〝読み方〟の力では、一冊の本を読みとおすことはできない。かりに文字をひろって読んだとしても、それは短文の連続であって、本ではない。

センテンスごとに意味をとるセンテンス・リーディングでは、二百ページの本を読むことができない。いくら努力しても、三、四十ページくらい。息切れして先へ進めない。ちょっとひと休みと、座右に置く、それがその本との縁の切れ目となって、あたら名著も〝ツンドク本〟としてチリがつもる。かつての古本屋には、こうして討死した本がにぎやかに並んでいたものである。

気の小さい人は、三、四冊読みさしの本をこしらえると、自分の才能を疑う。知的なことには向いていないのだと勝手にきめつけて、本との別れをする。少しにぶいような人が、たび重なる失敗にもめげず、読むことを続けていくと、やがて開眼。本とはこんなにおもしろいものかという発見をするのである。ウサギはカメに負ける。

読書好きになったカメがリードする。

本は最後まで読み通さなくてはいけない。途中で投げ出すなんて、意志が弱いのである。わからなくても、おもしろくなかろうが、二百ページくらいの本を読み通せなくてどうする。心を鬼にしても最後のページまで攻め立てよ。読み終えたときの達成感はほかでは得られない。そしてこれはいい本だった、と思う。さらに、この著者はえらい、と思う。本を出した出版社も良心的である、などとすべてがバラ色に見えるのである。

それは読書家のこと。普通の人間にとって本を読み切るのはたいへんな荒業《あらわざ》である。しようと思ってできることではない。最後まで読み切った本がないまま一生を終わる人は決して例外的ではない。

しかしそういう人もダメ人間ではない。

反復読書

本はくりかえし読め、はっきり、そういう人は少ないが、良い本や難しい本は一度ではわからないことがある。一度でわからなくてもあきらめずに再挑戦してみよという考え方もある。

実際、読み返して成功したケースもある。近代日本における知的巨人のひとり新渡戸稲造《にとべいなぞう》は、カーライルの『衣裳哲学』を三十何回か読んだと伝えられている。カーライルは学者ではないが哲人で独自の思想をもつ奇才であった。その文章は難解でイギリス人すら難解であると歎じたほどである。明治の英学生がどれくらいカーライルを読みこなせたか、わからないが、新渡戸の英文著書『武士道』は、その文がしっかりしている点でも海外で高く評価された。カーライル張りの英文ながら、しっかりした文章力は反復読書によって身についたものであろう。しかしこれは例外。普通の人間には真似ができない。

読書百遍、意自ら通ず、ということばがある。いくら難解な文章でも、繰り返し読んでいれば、だれに教わることがなくても、自然に意味がわかるようになる、ということを言ったものである。この百遍というのは文字通りの百遍、九十九回目の次ということではない。多いということの誇張である。新渡戸のカーライルもりっぱに百遍読書である。

わからない本でも何度も何度も読んでいれば、本当に、わかるようになるのか。昔の人はのんきだから、そんなことはセンサクしない。本当にわからない本でも、百遍読み返したら、わかるようになるか。ためした人はなかっただろうが、わかる、のではなく、わかったような気がするのである。自分の意味を読み込むから、わかったような錯覚をいだく。読み返すたびに、読者のもち込む意味が増える。そうして、ついには、自分のもち込んだ意味ばかりのようになる。それをおのずからわかったと思い込む。対象の本を自己化しているのである。

自分の意味をまるでもち込めないような本は、百遍はおろか、一度の通読もできない。はじめのところで、投げ出してしまう。とにかく、何度も読めるのは、どこかおもしろいからである、なにがおもしろいか、といっては自分の考えを出すことほどおもしろいことはない。わからないところを、自分の理解、自分の意味で補充するのである。一種の自己表現である。隅から隅まで、わかり切ったことの書かれているような本では、こういう読者の参入はあり得ないから、たいへんつまらない。

精読か速読か

こんな風に考えてくると、読書百遍、意自ずから通ず、というのはフィクションであり、神話であることがわかってくる。意味がわかるようになるからといって、同じ本を繰り返し読むことが賢明であるかどうか、疑問になってくる。

本が少なく、良書とされるものが多く、読者に時間があるとき、読書は価値ある活動である。同じ本を反復、精読するというのが賞賛すべきことになるのである。

本があふれるようにあって、時間の少ない人間は、〝ナメるように読む〟といったことを想像することはできない。

巻末までたどりつけない本が手もとにゴロゴロしているのに、いくら、意味がわかるようになると言われてみても、百遍はおろか、二度繰り返し読む気をおこす本はまず存在しない。

〝ナメるように読む〟はかつては、よい読み方とされていたが、だんだん、そうでなくなっている。いまはむしろ速読に人気がある。十分間で一冊読み上げる法などを言いふらしている向きもある。そんな本なら、いっそ読まない方が世話がない、とは考えないところが、かわいい。

読書百遍が神話なら、十分間読書は新神話である。

神話は生活を変えない。

生活は神話にとらわれない。

本がありあまるほど出て、読む人がそれほどにはふえないときに、神話の出る幕はないのではないか。

不健康な読書

　これほど本が多くなったら、良書より悪書の方が多いと思わなくてはならない。悪書にひっかかるのを怖れていれば、本など読めるものではない。雑書、俗書、不良本などだって、おもしろいものはあるだろう。おもしろくなければ捨てればいい。読者はきわめつきの良書、古典のみを読むべきだというのは窮屈《きゅうくつ》である。そういう価値ある本をもとめて苦労するのは愚かだ。

　よさそうだと思ったのが、案外食わせものだった、ということだってあるが、それでも心ある読者ならなにかしらを得ることはできる。

　読者が本の家来になるのではなく、年下の友人であるという自己規定をすると、たとえつまらぬ本でも、なにがしかの発見は可能になる。

　いろいろな点で、読者は著作者より劣っていることが多いけれども、著者はつねに一方的に号令をかけ、命令するような権威者と考えるのは宗教的読書で読者にとって得るところは少ないと考えてよい。

多くの本を読んでいれば、繰り返し読みたくなる本にめぐり会うかもしれない。しかし、それは例外的だと考えた方がよい。実際に何度も繰り返して読む本が五冊か七冊もあればりっぱである。

本は読み捨てでかまわない。

本に執着するのは知的ではない。ノートをとるのも、一般に考えられているほどの価値はない。

本を読んだら、忘れるにまかせる。大事なことをノートしておこう、というのは欲張りである。心に刻まれないことをいくら記録しておいても何の足しにもならない。

書物は心の糧《かて》である。

いくら栄養が高いといって、同じものばかり食べていれば失調を来たし、メタボリック症候群になる。過食は病気の引き金になり、ストレスを高める。ストレスがいろいろな病気の原因になることを、おそまきながらこのごろ医学も気がつき始めたらしい。

本についても、過食は有害である。知的メタボリックになる読書があり得る。同じ本を何回も読むなどということは、考えただけでも不健康である。

偏食も過食と同じくらいよろしくない。勉強だといって専門の本を読みすぎると知的病人になりがちである。専門バカはそのひとつである。

健康な読者をのぞむならば、昔の貧しい時代の考えを修正、あるいは、変更させなくてはならないだろう。

4

読むべし、読まれるべからず

読書信仰

「雑誌をしきもの代わりにして道路に坐《すわ》っている若ものがいましてね。胸が悪くなりました。わたしは、新聞でも、またぐことをしません。本を床におくこともしません。どこか神聖なような気がするのです。時代おくれなんでしょう」

こんなことを言う人間はそろそろなくなりつつある。

戦前の小学校では、授業のはじめに、教科書を開く前に両手で捧《ささ》げもって、一礼したものである。都会育ちの人が、そんなバカなと笑ったことがあるから、田舎の学校だけのことだったのかもしれない。

教科書をおしいただいた子どもたちは、知らず知らずのうちに、教科書を神聖なもののように思い、ただの本ではなく、お経ではないが、ありがたいもの、という気持ちをいだいた。本がありがたいのだから、活字もえらいもので、それを下においたり、またいだり、ふんだりしては、バチが当たる。はっきりそう教わったわけではないが、そう思い込むようになる。三つ子の魂だから、いつまでたっても変わることがない。印刷物を尻にしいているのを見れば、ワケもなく腹が立つ。

そして本などと関係のない生活をしていても、本は読まなくてはいけない、読まないのは恥ずかしいことだ、という気持ちを捨てることができない。ヒマができたら、老後になったら心ゆくまで本を読んで暮らしたい。そういう人は、年寄りを中心にいまでもかなりいるように思われる。

読書信仰の信者になるのは知的エリートだと自他ともに思い込む。とにかく、ありがたいこと。毎日、読むことは欠かしてはいけない。それができない自分はダメな人間である、と自らを責める人があらわれる。

考えてみれば、読書ということはそれほどありがたいことではない。どれくらいご利益があるのかもはっきりしていない。それでも、無理な努力をしてでも本を読む。とくにそういう人間が日本人に多かったのかもしれない。戦前、欧米で、カメラをぶらさげて眼鏡をかけていたら、日本人だと思って間違いない、というジョークまがいのことばがあった。なぜ、眼鏡をかけるのか。ルビつきの小さな活字を読むからである。アルファベットを読むのに比べて日本の印刷物を読むのは、少なくとも目にとって、たいへん負担が大きいのである。しかし、それを教えてくれることもないから、どんどん近視がふえた。

少なくとも眼科の医師は、それくらいのことがわからなくては、医者だなどといばっていられないはずである。しかし、読書の害を注意してくれるところはなかった。

いくらぼんやりしていても、ものがよく見えない近視になれば、自覚はする。近視を治すことはできないから、ぶざまな眼鏡である。

似たようなことが、メンタルな面にもおこるのではないか。本をありがたがって、読みすぎると、心の近眼になって、ものがよく見えなくなる。

わけもわからず、むやみに本ばかり読んでいると、心眼は疲れ、ものをはっきり見きわめることが難しくなる。読書メタボリック症候群型近視になってしまう。頭の近視は、目の近視ほど不便ではないから、なかなかこれを治療しようとしない。

知識を身につけるには本を読むに限る。もっとも手軽で、労少なくして、効果は小さくない。読書は勉強のもっとも有力な方法になる。真面目な人は正直だから、読めば読むほど優秀な人間になれるように勘違いする。実際、博学多識にはなることができる。それと裏腹に、頭の中が空虚になるということを教えてくれるものがない。

頭が知識でいっぱいになれば、頭ははたらこうにも、はたらくどころではない。そのうちに、ものが見えない頭の近視がはじまる。

少しくらいの近視なら、頭の眼鏡で対応できる。頭の眼鏡は、もちろん、本で得た知識である。知識があれば、考えたりする面倒がない。それで読書は知識から信仰を生み、それが読書を支える。

知識と思考

知識はすべて借りものである。頭のはたらきによる思考は自力による。知識は借金でも、知識の借金は、返済の必要がないから気が楽であり、自力で稼いだように錯覚することもできる。

読書家は、知識と思考が相反する関係にあることに気がつくゆとりもなく、多忙である。知識の方が思考より体裁がいいから、もの知りになって、思考を圧倒する。知識をふりまわして知的活動をしているように誤解する。

本当にものを考える人は、いずれ、知識と思考が二者択一の関係になることを知る。つまり、もの知りは考えず、思考をするものは知識に弱い、ということに思い至るだろう。知識をとるか思考をとるか、大問題であるが、そんなことにかかずらわるには、現実はあまりに多事である。高等教育を受けた人間はほとんど例外なく、知識信仰になる。

本を読んでものを知り、賢くなったように見えても、本当の人間力がそなわっていないことが多い。年をとる前に、知的無能になってしまうのは、独創力に欠けているためである。知識は、化石みたいなもの。それに対して思考は生きている。

知識、そして、思考の根をおろしているべき大地は、人間の生活である。その生活を大切にしない知的活動は、知識の遊戯でしかない。いくら、量的に増大しても、生きていく力とのかかわりが小さい。

人類二千年の文化の歴史を通じて、学芸、文化はいつも生活からの離脱を進歩とする原理のようなものに導かれてきた。哲学も文芸も宗教ですらも、人はいかに生くべきか、いかにすればよりよく生きることができるか、ということを充分、留意しなかった。そのため、知識は踊っても、人間の生き方はあまりよくならない。

人間は生きているから人間なのである。知識だけでは生きていかれないし、よりよく生きていくことなど思いも及ばない。それを無視して、やみくもに知識を多く身につけようとする教養主義がおこって、文化の活力があやしくなる。人間の活力はとっくに失われているのである。

そういう知識は本によって伝承されてきたのだから、読書好きの人は知らず知らずのうちに、知識第一主義のとりこになって〝遊民〟になった。高等遊民ということばがかつて存在した。

いったん知識信仰に入ってしまうと、生活を復元することは容易ではない。めいめいの足もとを照顧することは至難のわざである。

そう考えると、本を読むことが、かならずしもよいことではないということがはっきりする。

まったく本を読まないのがいいというのではない。いまの時代、完全に文字から絶縁した生き方を考えることはできない。

問題はどう見ても、生きる力とは結びつかない、知識のための知識を不当によろこぶ勘違いである。知識メタボリック症候群にかかっていては、健全な生き方をしていくことは叶わない。知識を捨てることによって健康をとりもどす可能性をさぐる人がもっと多くなくては、たくましい社会にならないだろう。

知識があると、本来は役に立たないものでありながら、それを借用したくなる。そしてそれを自分の知識だと思っている。

仲間うちなら、トリなき里のコウモリ、よろしく、知識でも羽振りがいいかもしれないが、他流試合だと借りものの知識では役に立たない。まして、その知識が相手からの借り物である場合、いわば犯罪的になる。いまの日本は国際化に当たって、いろいろな面において苦しい立場におかれているのもそのためである。

生きる力に結びつく読み方

ことば自体について、人間、近世の人間は思い違いを正当であると信じてきた。ことばは文字であり、書かれたものが価値があるとした、話すことばは文字、文章に及ばない。そう思い込まされてきた。

教育でも、小学校から大学までずっと本、教科書によって行われる。

たまたま言語学を学ぶものは、

「言語は人間の話すものである」

といったことを知ると、軽いショックを受ける。なぜ、文字、文章が主体ではないのか、かすかな不満を覚えるかもしれない。それほど、文字、文章、本というものを重視しているのである。

言語学を学ばないと、かなりの知識人でも、本の方が、談話より多くのことを伝えるように考えて一生をすごす。

哲学者・西田幾多郎《にしだきたろう》が、若い学者からの、「論文のすぐれている人と講演のすぐれている人と、どちらが、本当にすぐれているのでしょうか」という意味の問いに答えて、

「それは、うまい講演のできる人」

と答えたというエピソードが伝わっているが、文字信仰の人たちだけでなく、広く一般の人をも驚かせた。

文章の上手、下手は、技術の問題であるけれども、話すことがりっぱであるのは、その人の心、頭のはたらきそのものを反映する。そう考えると、書くことばよりも話すことばの方が、大きな意味をもっていることが納得される。書くのは筆先の芸であって、心なきことを、飾って表現するかもしれない。ウソとも思わず、ウソを書く。話すことばでも、やはり、心そのものをあらわしているのではない、空ごと、フィクションから完全に自由ではあり得ないが、より心、生活に近い。少なくとも、文字、文章よりはずっと深く、精神と生活を反映して、自然に近い。文章は完全に絵空ごとで、書いた人の思考と人格に結びついていないで名文でありうることが可

能である。

印刷技術が発達して大量の印刷物が作られるようになると、それを消費する人間が必要になる。印刷物が読めることが社会的価値をもつようになった背後には印刷物の消費という事情があったが、それに気づいた人は例外的で、文字を読む力、リテラシイは人間の知性のはたらきの基本とされた。公教育はそれを中心に進められるようになった。そういう教育を受けた人たちは、文字、文章、書物を、話しことばよりはるかに高い価値があるように思い込まされる。

勉強するのは本を読む力をつけるためであり、そのために生活を犠牲にしても顧《かえり》みないのが常識となった。生活を停止して、ひたすら筆記言語の技術を習得するのに専念した。そういう教育で習得する知識が生活から遊離したものとなるのは是非もない。

こういう知識が適量を超えるようなことがあると、思考のはたらき作用を妨害し、よくものを知っているバカがあらわれたりする。

日本は外国のリテラシイ、印刷文化をありがたく受け入れたから、外国がらみの知識が教養の中心となったのは自然である。そのために、外国語学習におびただしい知的エネルギーと時間を費やした。外国の本を読むのが教養の基礎であった。読書はその中核の活動であるから、読書は神聖視されるほどになる。生活を忘れ、思考のはたらきを忘れた模倣文化を生み出した。教養は美人であるが生きる力に欠ける。

読書がいけないのではない。読書、大いに結構だが、生きる力に結びつかなくてはいけない。新しい文化を創り出す志を失った教養では、不毛である。

国内だけのことを考えていれば、教養を誇っていられるが、好むと好まざるとにかかわらず、世界的競争にさらされるようになると、生きる力と結びつかない知識や、独立独歩、発明、発見の妨げになるような教養は捨てなくてはならないかもしれない。

本の読み方も、これまでのような装飾的、宗教的、遊戯的なものを改める。よりよく生きるため、新しいものを生み出す力をつけるために本を読む。有用な知識は学ぶが、見さかいがなくなるようなことを自戒する。著者、作者に対する正当な敬意は当然ながら、とりこになったりすることは避ける。真似て似たようなことをするのは美しいことではないと考える。むやみに愛読書をこしらえ当を得るのも弱い精神である。

子どもにそういうことを要求するのはいけないかもしれないが、一人前の年齢に達したら、ただ本に追随することを恥じる必要がある。

5

風のごとく……

速読と遅読

「十分間で一冊読みあげる法」を教えるなどという広告をときどき目にする。マに受ける人もあるらしいが、多少とも本を読むのに苦労した人間はハナもかけない。そんなに速く読めるものかと反発する。そんなに速く読めるようなのは読むにあたいする本ではないと遅読派は考える。

人さまざまで速く読むのもあれば、ゆっくりと読む人もある。一般に、じっくりゆっくり読む方がいいように考える。速く読むのは雑になりやすい。きめ細かなところは読みとることができない。十分間で一冊読み上げるのは電光石火の早業《はやわざ》、意味などとれない。カタツムリのような読み方が高級だと思っている人が少なくない。

学校教育は本の読み方など教えてくれないから、学校出が読書についてエラそうな口をきく資格はない。本らしい本を読まないでも高等教育を修了することができるのである。

声を出して読むことが流行のようになっているが、考えてみると、音読のすすめは、適度の速さで読めということである。黙読だとスピードが大きくなる。目は光の速さで読む。光のスピードはきわめて大きい。

それに引きかえ、音声の速度は一定の枠がある。いくら早口の人でも一分間に千字を発することはできない。

音読と黙読は、読みとる意味が大きくちがうということに気づくには、相当の読書経験を要する。速読と遅読ではことばの感じがちがうのである。

ことばは、ゆっくり読まれると情緒性が高まる一方、速く読まれると、知的な感じがつよくなる。重々しい感じを与えたかったら、ゆっくりゆっくり話せばいい。知的な印象を与えるには、速度が大切で、早口だと、なんとなく知的にきこえる。

ウェットで情緒的であるより、ドライで知的であるのが好まれるのは世界的現象なのであろう。アメリカでは二十世紀後半に、早口化がはじまり、テレビ、ラジオのアナウンサーが早口になった。テープのかけ違いで、コマーシャルを早まわしにして流してしまった。それが思いもかけぬ人気になり効果をあげたというエピソードもあった。

話すことばのテンポが早くなれば読むテンポも速くなって当然だが、黙読が主体だからはっきりとはしない。

速く読もうとすると、わけのわからなくなる文章が多い。黙読を予想して観念的にこみ入ったことを圧縮して表現する文章法があいも変わらずまかり通っていて、速読ではまるで意味がとれない。ゆっくり読んでもわからない文章を速く読めばどうなるかわからぬまま、いけないときめつける。若い人たちが読むのをあきらめるのも無理もない。

漢字を用いる日本語ではどうしても声があいまいになりがちで意味を伝えることが多くなって、観念的になる。それだけ、生活から遊離しているのである。文字は音声より生活から離れているから、価値があるときめてきたのは古い。

いくら勉強しても、どんなに多く本を読んでも、その割に知能が伸びない、ことばの能力が高まらないのは、読み偏重の教育に、少なくとも一部は原因がある、ということは認めるのが正直であろう。

戦後、アメリカの教育視察団がやってきて日本の学校教育改善の提言をした。ことばに関してアメリカがおどろいたらしいのは、そしてつよく改善を求めたのは、読み一辺倒の教育であった。

〝読み、書き、話し、聴く〟の四技能を併行して伸ばすように指示した。日本人ははじめて、読み、書き、話し、聴くの四技能ということを知った。これは正当な指摘、指示であった。

やがて、学習指導要領が制定され、教科書はそれに準拠して作られることになった。話し聴くことばの教育など考えたことのない日本の国語教育は途方にくれた。そして、アメリカの指導を無視することにしてしまった。

小学校、初年級の教科書には、おしるしばかりの、話し方教材なるものがつくられた。教科書ができても、話し方を教えられる先生はいない。飛ばしてしまう。まったく役に立たない教材なら、やめてしまおう、となって、話し方教材はほぼ姿を消した。

丁寧さが仇に

外国語を読むのは、母国語を読むのとはワケが違う。よほど年季を入れた人なら別だが、外国語を読むのは難業である。ひどい苦労であるが、母国語だけ読んでいてはわからないことがわかる余徳がある。

読むとはいうが、速度がのろくて、読むというより解読と言った方が当たる。ひどいのになると、そばに辞書をおいて、一行に二度も三度も辞書をひく。

昔から〝辞書、首っぴき〟といわれる。

語学の教師は、前の晩にする下調べがやっかいだ。いくら調べてもピンとこない。教室でここをどう切り抜けようか、などと考えながら寝るのである。

ひと夜あけて、朝、念のため、もう一度、さっと読んでみると、ゆうべあんなに手古ずったのがウソのように氷解する。あっけないくらいである。しかし、なぜかということを深く考えることは少ない。

朝になってから読み返してもわからないことがある。しかたがない、あやまるしかないと観念する。学校へ行くと同僚のイギリス人がいる。ちょっときいてみよう、そう思って問題の文章を見せる。イギリス人が声を出して読む。それをきいたトタンに、意味がすっかりわかる。もう説明をきかなくてよいくらいになる。

そういう経験が何度かあって、さとるところがあった。ゆっくり読んでいてはいけない、ということである。はっきり声に出すと、文字だけよりもよくわかる、ということがわかった。

辞書首っぴきは別として、難しいところを何度も読み返すが、その速度がおそすぎるらしい。速くすると、それだけでわかることがあるのがおもしろい。

ことばはかたまりのようになって並んでいる。うしろのかたまりは、前のかたまりの意味の残曳《ざんえい》と結びつき、それによって意味がかたまる。そのかたまりのひとつにこだわって辞書など見ていれば、ことばの流れ、残曳は消えてことばは意味を失う。外国人に読んでもらうと、説明をきかなくても意味がわかるのは流れができて、ことばの自然が回復されるからである。

ことばの流れは、映画のフィルムのようなものであると考えることができる。ひとつひとつは静止していて動きがない。これにスピードを加えて（映写すると）、バラバラだったフィルムの一コマ一コマが結びつき、動きが出る。読むのも、これに近いところがあると考えてよい、前のコマと次のコマとはすこし離れて独立している。これに読みという動きを加えると、間にある余白が消えて、コマとコマが結び合って動き、つまり意味が生ずる。

辞書をひいたりして、流れをとめてしまい、むやみと時間をかけると、ことばをつないで意味を成立させている残曳が消えて、わかるものがわからなくなってしまうのである。一般にナメルようにして読んだ本がおもしろくないのは、速度が足りないからである。わからない文章だとどうしても読む速度を落とさざるを得なくなるが、丁寧に読むつもりが仇《あだ》になっていっそうわからなくなってしまうのである。

前に、読書百遍を批判したが、読む速度ということからすれば、読書百遍は見るべきところが小さくない。繰り返し読んでいると、だんだん速く読めるようになる。はじめはゆっくりしか読めなくて、わかりにくかったところが、繰り返し読んでいるうちに流れるように速く読めるようになるのである。

ことばの生命

近代は読書を尊重してきた。

本はじっくり丁寧に読むべきものという考えをいつしかいだくようになる。必要以上に、慎重に、ということは、ゆっくり、丁寧に読むべきものという意識にとりつかれる。つまり、読む速度がおそすぎることになるのである。おそいのが丁寧なのではなく、ことばに底流する意味の流れをとめてしまい、意味を殺して、わかりにくく、おもしろくないものにしてしまう、ということがわからないことが多い。

したがって、スピードをあげないと、本当の読みにはならない。十分間で一冊を読了という電光石火の読みは論外だとしても、いま考えられている読書のスピードでは、ことばの生命を殺しかねない。

やみくもに速いのはいけないが、熟読玩味はよろしい、のろのろしていては生きた意味を汲みとることはおぼつかない。

風のごとく、さわやかに読んでこそ、本はおもしろい意味をうち明ける。

本は風のごとく読むのがよい。

6 乱読の意義

反常識的読書

乱読という文字を見、ことばを聞くと、反射的に顔をしかめる人が多い。精読、熟読、多読などみなそれぞれによいところがあるけれども、乱読にはいいところがまったくない。教育のある人でもそう思っている。乱読をすすめるなど、とんでもない、とバカにする。

この本では、乱読の価値を高く評価する。反常識的であるかもしれないが、これまでの読書が見落としていたところへ光をあてることが出来るように考える。

まず大事なことは、これまでの正しくない考えから自由になることである。われわれはだれしも、自分はものが読める、読書の能力があると思っているが、多くは思い込みで、本当に読める人はごく少ない。

たいていが本読みの本知らず、である。

考えてみると、われわれは、読み方をしっかり、どころかひと通りですら、正式に教わっていない。なるほど、学校では読み方を教える。かつては、いま国語と呼んでいる教科を〝読み方〟と呼んで、もっぱら文字を教えた。しかし、それで、ものが読めるようになったものはむしろ例外でしかなかった。

教える教師からして、ものを読むということについて、あいまいなことしか知らない。文字を声に出せれば、読めた、と思っている教師も決して少なくない。ことばには意味というものがあって、声にして読むことのできることばの意味はどうなるのか、つきつめて考えることはないといってよい。

スポーツ紙で、前の晩、テレビで見た野球の試合の経過を伝える記事を読んで、よくわかった、という人が、新聞の社説には声も出ない。おもしろかったりするわけがない。何を言おうとしているかの検討もつきかねることが珍しくない。読むのは、複雑な知的作業であるから、自然に読めるようになるということはまずありえない。

アルファー読みとベーター読み

読み方には二種類ある。

ひとつは、テレビで見た野球の試合の記事のように書かれていることがら、内容について、読む側があらかじめ知識をもっているときの読み方である。これをアルファー読みと呼ぶことにする。書かれていることがわかっている場合、アルファー読みになる。

もうひとつは、内容、意味がわからない文章の読み方で、これをベーター読みと呼ぶことにする。すべての読みはこの二つのどちらかになる。

もちろん、アルファー読みの方がやさしいから、学校の読みの教育もアルファー読みから始まる。昔は、ハナ、ハト、マメ、マス、ミノカサ、カラカサで小学校一年生の国語（読み方）は始まった。文字を声にすれば意味は自ずからわかった。アルファー読みがうまくはたらくのである。

時がたって、ミノだとかマスというものを見たこともない子どもがふえてくると、アルファー読みの教材として不適当になる。

そこで当時の国定教科書が改訂された。新しい教科書の、最初の文章は、サイタ、サイタ、サクラガ　サイタになった。これならすべての子どもが、アルファー読みができる。

アルファー読みは基本的な読み方ではあるが、これだけではモノが読めるようになったとは言えない。読むものの知らないことが書いてあると、とたんにお手上げになる。どうしてもベーター読みができるようにならないといけない。その読みを教えることが至難で、これまで、どこの国でも成功しているところはないと言ってよい。

日本の学校は早々と、ベーター読みをあきらめた。その代わりに、アルファー読みでも、ベーター読みでもわかる、物語、文学作品を読ませた。フィクションは未知の世界のことを描いているが、日常的な書き方がしてあるから、アルファー読みでもいくらかはわかる。つまり、物語や文学作品は、アルファー読みからベーター読みへ移る橋がかりのような役を果たして便利なのである。

それで、学校の読み方教育は、いちじるしく文学的になって、日本人の知性をゆがめることになった。国語の教育は、文学作品が、アルファーからベーターへの移行に有効であるということも知らず、作り話ばかり教えてきたのである。文学的読み方では、新聞の社説すら読めない。高度の読み、ベーター読みを学校で学ぶことはできないが、学校自体、そのことをよく考えない。

ずっと昔の人はこの点で賢かった。

アルファー読みから入ったのでは、いつまでたってもベーター読みができない、ということを察知していたのかどうかはわからないが、アルファー読みから始めるのを避けて、はじめからベーター読みをさせた。五、六歳の幼い子に、

巧言《こうげん》令色《れいしょく》　鮮仁《すくなしじん》

などという漢文を読ませたのである。ベーター読みである。泳ぎのできない子どもをいきなり海へほうり出すようなもので、乱暴きわまりないと今の人は思うだろうが、かつてのベーター読みの出来る人の比率は現代をはるかに上回っていたと思

われる。ヨーロッパではラテン語によって、ベーター読みを教えた。東西、軌《き》を一《いつ》にするところがおもしろい。

ジャンルにとらわれない

乱読ができるのはベーター読みのできる人である。アルファー読みだけでは乱読はできても解読はできない。

小説ばかり読んでいては乱読できない。ベーター読みもうまくいかない。文学読書をありがたがりすぎるのは、いくらかおくれた読者である。ノンフィクションがおもしろくなるには、ベーター読みの知能が必要である。哲学的な本がおもしろくなるには、かなり進んだベーター読みの力が求められる。

ベーター読みの能力を身につければ、科学的な本も、哲学も、宗教的書物も、小説とは異なるけれども、好奇心を刺激する点ではおもしろい読みができるはずである。

ベーター読みの力のない人は、自分の親しむ一つのジャンルにしがみつく。小説好きはあけてもくれても小説を読む。新しい小説でもアルファー読みをするから、読者の成長は限られる。文学青年も、中年くらいになると、アルファー読みにあきがきて、本離れするようになる。

乱読はジャンルにとらわれない。なんでもおもしろそうなものに飛びつく。先週はモンテニューを読んでいたがちょっと途中で脱線、今週は寺田寅彦《てらだとらひこ》を読んでいる。来週は『枕草子』を開いてみようと考えて心おどらせる、といったのが乱読である。ちょっとやそっとのことでは乱読家にはなれないのである。

とにかく小さな分野の中にこもらないことだ。広く知の世界を、好奇心にみちびかれて放浪する。人に迷惑がかかるわけではないし、遠慮は無用。十年、二十年と乱読していればちょっとした教養を身につけることは、たいていの人に可能である。

文科の人が理系の本に手を出さないのを純粋だと思っているらしいのは滑稽《こっけい》である。悪い専門主義で、モノが見えるものが見えなくなっていることが多い。つとめて、遠くのものに心を寄せる努力をしない。

大学が、小さな専門のタコツボをこしらえて、隣は、なにをする人ぞ、というのを正統的であるとするのは、技術的、常識的学問の錯覚である。

アメリカあたりで、せまい専門主義の害に気づいた人たちが、学際研究(インター・ディスプリナリ)の必要を訴えて新風をおこしたが物理学と化学の壁をとって物理化学、言語学と社会学とが合併して、言語社会学、社会言語学という分野が拓けたのは収穫であるが、学際研究がふたつの専門の結びつきであるのは、いかにも窮屈である。いくつもの専門の枠を外し多元的学術を構想する力はまだ生まれそうにない。

それは文化社会のことである。個人として考えれば諸学綜合の人間学とでも言うべき世界を創り出すことはそんなに難しいことではないように思われる。

乱読すればいい。

いろいろなジャンルの本を、興味にまかせて読んでいく。ひとつの専門にたてこもっていると、専門バカになるおそれがあるけれども、乱読なら、そうはならない。

それどころか、専門主義、瑣末《さまつ》主義が見落としてきた大きな宝をとらえることが可能である。

乱読の入門テキスト

乱読の手はじめは、新聞、雑誌である。雑誌も専門誌ではなく、総合雑誌がいい。もっとも総合をうたっていても、その実は文科的色彩がつよく、教養をつけるために発行しているのではないかと思われるほどである。新聞は雑誌より雑然としているだけ乱読入門には適している。

近年、新聞がニュースの速報性について首座を電波にあけわたしてから、その分新聞の文化性は高まった。読者として、この変化を見落としてはいけない。スポーツ欄しか見ない、経済関係しか興味がない、政治的ゴシップばかり追っているというのは、半読者である。

知的な読者は、すべてのページに目を通して、おもしろいことがあれば目をとめる。このごろは、ページ数がふえたから、読むのはたいへんだ、読めないと頭からきめている人がいるが、半分は広告だから大したことはない。つまらぬ記事も少なくないから、全部を読み通す必要はない。仕事のある人はとくに忙しい朝の時間、じっくり新聞を読むのは難しい。流し読みである。

短い時間で、新聞を読むには、見出し読者になるほかない。見出しだけなら一ページを読むのに一分とかからない。これはと思うのがあったら、リードのところを読む。それがおもしろければ、終りまで行く。そんなおもしろい記事が二つも三つもあったらうれしい悲鳴をあげる。

見出しで、記事内容を推測するのはかなりの知的作業であるが、頭のはたらきをよくする効果は小さくない。

新聞は乱読の入門テキストとしてうってつけである。

失敗をおそれない

書店へ行く。

たくさんの本がずらり並んでいる。部門別にはなっているが、雑然と並んでいる。その背文字に目を走らせる。前に見たものも多い。これはと思うのは十冊に一冊あるかないか。おもしろそうだったら、手にとってみる。あと書きがあったら、それを見る。著者の略歴があればそれも見る。このごろ、著者の顔写真の入った本が多くなったが、読者の目をくるわせることがあっておもしろくない。顔写真につられて買った本にうつつを抜かすようではよい乱読はできない。

いくら賢い人でも、乱読すれば、失敗は避けられない。しかし、読めないで投げ出した本は、完読した本とはちがったことを教えてくれていることが多い。失敗をおそれない――それが乱読に必要な覚悟である。

これまで乱読がきらわれてきたのも、ひとつには乱読では失敗が多いからであろ

失敗は

う。きわめつけの名著を読むのに比べれば、失敗ははるかに多いであろう。失敗はいけない、失敗するな、という常識からすれば、乱読は賢明ではないとなる。

人間は失敗によって多くのものを学ぶ。ときとして成功より大きなものが得られることもある。そう考えると、乱読が、指定参考書などより実り多きものであることがわかる。

7

セレンディピティ

思いがけないことを発見する能力

アメリカ人は、よほどセレンディピティということばが好きらしく、街の通りの名にしたり、喫茶店の名にしたりする。

日本では一般になじみがうすく、少し知られるようになったのは、日本人のノーベル賞受賞者がテレビなどでした談話の中に出てきたのがきっかけである。もちろん科学の分野では以前からよく知られていたのだが、科学的教養の乏《とぼ》しい普通の人はきいたこともなかった。きいても、わけがわからず、きき流しにしていたのであろう。科学用語ではないが、そう思っている人が少なくない。

辞書を見ると

セレンディピティ（serendipity）思いがけないことを発見する能力。とくに科学分野で失敗が思わぬ大発見につながったときに使われる。セレンディピティ。

［おとぎ話 The Three Princes of Serendipの主人公がこの能力をもっていること

から。イギリスの作家H・ウォルポールの造語」(大辞林)とある。ていねいな説明である。

この後半の部分をふくらませるとこうなる。一七五四年、文人、作家のホレス・ウォルポールは友人、マンにあてた手紙の中で、偶然思いがけない発見のことを、セレンディピティと命名した。セレンディップの三王子にちなむものである……と書いた。

『セレンディップの三人の王子』というおとぎ話が、そのころイギリスで流行していた。三王子はおもしろい才能(?)をもっていた。たえずものを見失う。それをさがすのだが、さがすものは出てこなくて、思いもかけぬものが飛び出してくるのである。それが一度や二度ではなく、何度も何度もおこった、という話である。

この探すものは出てこないのに、思いもかけなかったものが出てくる不思議に目をつけたところが手柄である。

セレンディップというのは、のちのセイロンのことであり、いまはスリランカと呼ばれる国のこと。イギリスにとっては遠い東洋の国、不思議なことのおこる舞台としてはうってつけだった。

科学者に好まれることばが、作家のこしらえたものであるというところがおもしろい。

戦前の日本人を苦しめた結核はながく不治の病とされていたが、完治するようになったのはペニシリンのおかげでもある。そのペニシリンがセレンディピティの産物であることはよく知られている。

一九二八年、イギリスの生物学者A・フレミングがブドウ球菌を培養中、あやまって偶然アオカビが培地に混入してしまった。ところがその周辺でブドウ球菌が消えていたことを見つけ、このアオカビPenicillium notatumに抗菌作用を示す物質のあることを発見、ペニシリンと命名した（ただし、すぐれた化学者の協力がなかったため、この発見はその後、二十年も放置され、一九四〇年になって薬品になり、抗生物質時代の幕明けとなった）。

実験中の失敗が偶然、大発見のひき金になった例は、その後、いくつもあり、科学者の間では耳新しいことではなくなっている。

一般の人にもわかりやすいセレンディピティの例として、イルカのことば、がある。

冷戦時代のころのこと。アメリカの海軍では敵潜水艦の接近にそなえて、高性能の音波探知機の開発に忙殺されていた。

あるとき、音波がキャッチされた。スワ、某国の潜水艦か、と研究陣は色めきたった。しかし、探査してもそれらしき怪しいものがない。いろいろ調べていて、発信源はイルカであることが判明。イルカとイルカは音波によって交信しているらしいことがはじめて明らかにされた。

それまで、イルカが音波に当たるものをもち、互いに交信しているなどということがわからなかったから、これは一大発見ということになった。

米海軍の研究はイルカの交信のためのものではなく敵潜対象であった。イルカの音をとらえたのは誤りであったが、それがこれまで知られなかったことを明らかにしたのである。セレンディピティである。

読書の化学反応

文科系の学問・研究は歴史学的方法によっている。過去のすぐれたものを次の世代に伝えるのが主たる役目である。当然、発見ということは少ない。発見しようと思って、文学作品を読むのは異常である。正しく理解して、次の世代へ伝える。受け身である。自分の考えをあらわす機会はごく限られている。セレンディピティのおこる場がない。これは学芸文化の大きなハンディキャップと言わなくてはならない。文科系の分野でも、進化、進歩はあってしかるべきである。

これからの時代、文科系の学芸にしても、進歩、進化がなくてはならない。どうしたら人文系のセレンディピティが可能になるのか。本書では、乱読によってそれが可能であると考える。

本を読むとき、ふたつの読み方がある。

ひとつは、本に書いてあることをなるべく正しく理解する読み方で、普通の読書はこれによっている。ひとの書いたものを正しく理解できるものかどうか、考えると厄介なことになるのである。

百パーセントわかったつもりの本も、実は本当にわかっているのは、七、八十パーセント。のこりの不明な部分は、〝解釈〟によって自分の考えで補填《ほてん》しているのである。したがって、本を正しく読んだという場合でもかならず、自分のはたらきで補充した部分があるはずで、まったく解釈の余地のないものは、一ページも読むことはできない。

それはそうとして、普通の読書においては本にある知識、思想などは、ほぼ、そのまま読者の頭へ移る。それはいわば、物理的である。

自分の得意とする分野はこの物理的読書である。まったく未知のことはまず出てこない。

それに対して、乱読の本では、よくわからないところが多い。本の内容が、そのまま物理的に読者の頭の中へ入るということはまずない。わからないから、途中で放り出すかもしれないが、不思議なことに、読みすてた本はいつまでも心に残る。

感心して読んだ本なのに、読んだことも忘れてしまうことが少なくない。再び開いてみると、前に書き入れたことばがあって夢のように思われるのである。

こういう乱読本は読むものに、化学的影響を与える。全体としてはおもしろくなくても、部分的に化学反応をおこして熱くなる。発見のチャンスがある。

専門の本をいくら読んでも、知識は増すけれども、心をゆさぶられるような感動はまずない、といってよい。それに対して、何気なく読んだ本につよく動かされるということもある。学校で勉強する教科書に感心したということは少ないが、かくれ読みした本から忘れられない感銘を受けることはありうる。

改まって読んだ本はどうもおもしろくないが、立ち読みしたのがたまらなくおもしろく、買ってきて、読んでみると、さほどではない、ということもある。

どうも、人間は、少しあまのじゃくに出来ているらしい。一生懸命ですることより、軽い気持ちですることの方が、うまく行くことがある。なによりおもしろい。このおもしろさというのが、化学的反応である。真剣に立ち向かっていくのが、物理的であるのと対照的であるといってよい。

化学的なことは、失敗が多い。しかし、その失敗の中に新しいことがひそんでいることがあって、それがセレンディピティにつながることがある。昔からケガの功名、というが、セレンディピティは失敗、間違いの功名である。

『ガリバー旅行記』

歴史的なセレンディピティもある。

イギリス十八世紀の『ガリバー旅行記』はいま世界の古典として、主として年少の読者に親しまれている。しかし『ガリバー』ははじめから子ども向きのお話として書かれたものではなかった。

作者のジョナサン・スイフトは当時のイギリス政界が腐敗しているのに腹を立て、それを攻撃するために、諷刺《ふうし》の作品を書いた。写実的に書けば、名誉毀損などでやられて危ないから、動物などを登場させて、架空の物語にした。同時代の読者には、それで充分、本当のことが伝わったのである。女王の前で綱渡りする小人が時の大蔵大臣であるといったことが充分わかったのである。

しかし、時がたつにつれて、そういう諷刺の微妙なことが、わからなくなってくる。わけもわからずに読めば、乱読になる。つまり、正しくは読めない。間違った読み方をされたのである。

そして新しい『ガリバー旅行記』が生まれたのである。作者が知ったらどんなにおどろいたかしれないが、とっくに亡くなっているから、反対もなにもあったものではない。

諷刺『ガリバー旅行記』は童話『ガリバー旅行記』に変身して、世界文学の中に数えられるまでになった。これをセレンディピティと呼んでさしつかえないであろう。

キリスト教の「聖書」は経典である。信仰の書である。神の書として読むべきである。ところが表現の美しさに心うたれて読む人があらわれた。一種の冒とくである。

しかし、その誤読のおかげで文学としての聖書が生まれたのである。セレンディィピティであると認めることができる。

湯川秀樹《ゆかわひでき》博士は中間子理論でノーベル賞を受けた初の日本人になった。アメリカで実証されるまで、いわば仮説であった中間子理論をどうして博士が考えついたか。もちろん、本当のところはだれにもわからないが、中国古典の影響を考える人が多かった。

博士は中国文学の碩学《せきがく》の家に生まれ、幼いときから、漢文学の古典に親しんだ。漢学者になるためではないから、乱読といってもよい読み方だっただろう。専門の物理学にとっては、なんの関係もないはずの中国古典である。

それだからこそ、セレンディピティで中間子理論の根のようなものをとらえることができたのであろう。そうだとすれば、すばらしいセレンディピティであったということができる。

一般に乱読はよくないとされる。なるべく避けるのが望ましいと言われる。しかし、乱読でなくてはおこらないセレンディピティがあることを認めるのは新しい思考と言ってよい。そうすれば、人文系の分野にも、セレンディピティが生まれることがはっきりする。

8

『修辞的残像』まで

私の乱読

田舎の中学校を出て東京の学校へ入ったが授業がさっぱりおもしろくない。学問をするつもりであったのが、当てが外れたような気がして、とにかく本を読もうと思った。もちろんしっかりした考えなどあったわけではない。

大学図書館にはりっぱな閲覧室がある。授業が終わると、図書館へ行って、本を借り出した。おそくまで本を読んだ。

何を読んでよいのかわからないから、図書目録をひっくりかえしたり、図書カードをあてどなくくったりした。読みたい本は司書にとり出してもらう。どんな本が出てくるか、待っているのが楽しみであった。

語源に関するものがおもしろくなって、『東雅《とうが》』という新井白石《あらいはくせき》の語源論をしゃぶった。細かいことはわからぬまま、おもしろいということがあるのを知った。乱読である。

寄宿舎にいた。寄宿舎には小さな図書室があって、本の数は少ないが、開架式で、勝手に手にとって見ることができるのがよかった。図書館の司書にいちいちとり出してもらうのはおもしろくない。

寄宿舎の図書室には、当時、出たばかりであった寺田寅彦全集がずらりと揃っていたのが壮観であった。どうしたわけか、借り出す人もなく、そろって並んでいた。私はためらうことなく、寅彦を読むことにした。それにはわけがある。

中学四年のとき、国語の教科書で、吉村冬彦(寺田寅彦)「科学者とあたま」という文章を読んだ。先生の説明はおもしろくもなかったが、私はなぜか、ひどくおもしろかった。それまで、なんとなく、おもしろい文章は、小説、物語であるように感じていたのが、この「科学者とあたま」というエッセイで、文学的表現とは別の、まったく違うおもしろさのあることを知った。文学のおもしろさはウェットだが、このエッセイのおもしろさは、どこかドライなおもしろさであると感じた。ひそかに寅彦を崇拝したのかもしれないが、受験勉強のドサクサにまぎれて、忘れるともなく忘れていたのである。寄宿舎の図書室にならんでいた寺田寅彦全集がそれを思いおこさせた。

毎日のように読んだが、はっきりした目的などあるわけではない。ただ、読むのがたのしく、読めば少しでも自分が進歩するように思っていた。ありようは乱読である。

この寅彦読みはその後、戦争をはさんで十年あまりつづき、戦後出た復刊本『寺田寅彦全集』を追ってせっせと読んだ。前後、三回くらい読んでいる。そうは言っても、頭に残っているのは恥ずかしいほど少ない。

ほかにも乱読した本がある。心理の本。学校の授業ですぐれた心理学概論をきいたのがきっかけで、それまでまるで知らなかった心理学に心ひかれ、はじめのうちは、世間の評判につられてフロイドのものを読んでいたが、そのうちに、学校で教わったゲシュタルト心理学の方がおもしろくなった。自分では寅彦の影響だと勝手にきめていたが、当たっていないかもしれない。

心理学関係の本もまったく乱読で、本当にわかっているのはごく小さな部分にしかすぎないことは自分でもよくわかっていた。

学校を出て、自分で考えた問題をつくり、借りものでない思考によってモノを書きたい、論文をまとめたいと思うようになるのに十年はかかったのだから、いかにも血のめぐりがよくないのである。

文科系の研究では、どうもオリジナリティに欠ける、他人、他本から借りてきたことを適当にこねまわしてつくりあげた論文があまりにも多い。そうあってはいけないということを、寅彦や心理学でそれとなく教えられていたのかもしれない。オリジナリティのないのは論文ではないと心にきめたのはいいが、どうしたらオリジナルなことが考えられるか、これを教えてくれる本がない。寅彦はそれにいちばん近い存在だけれども、なお、どうしたらオリジナルなことが考えられるかは読みとることはできなかった。

アナロジーの方法

オリジナルなテーマは頭の中だけでは生まれない。生きていく活動の中からひょっこり飛び出してくるらしい。机に向かって考えるだけでは充分でない。常住坐臥、いつも頭の中にとどめていてはじめて、テーマになるもののようだ。

ながい間、英語を読むのに苦労してきたが、あるとき、どうしてバラバラにはなれた単語が、センテンスになると、切れ目のない意味になるのか。そういういかにもバカ気たことが気になった。それを教えてくれる人も本もなさそうだから、自分で考えるより手がないと覚悟した。

バラバラになったものが、動きによって結びついて流れになるということばは、映画のフィルムを映写するのに似たところがあるのではないかと気づいたのは、寅彦の「科学者とあたま」流のアナロジーであった。

寅彦は、頭のよい科学者と頭のよくない科学者を、足の速い旅人とのろい旅人に擬してそれぞれの特質を巧《たく》みに明らかにしている。頭のいい人は富士山のふもとまで来ると満足して帰ってしまうが、頭のよくない人はとにかく登る。登ってみないとわからないことを発見することができる。足の速い人はひたすら先へ進むことのみを考えて脇目もふらない。足ののろい人はあとからゆっくりやってきて、俊足の見逃した花を見つける。そんな意味のことを寅彦はうまく書いている、アナロジーの方法である。

私のもった疑問、どうして、切れ切れになったものが、つながり動きのあるものになるのかということで、映画とのアナロジーをとり入れることで、解決するように考えた。

ことばの非連続の連続

きっかけは、意外なものであった。あるとき、郊外の道を歩いていると、遠くで琴の音がする。琴の音は、近くで聞けば、ひとつひとつの音に切れ目があるが、遠くで聞くと、切れ目は消えて感じられなくなり、流れる音に聞こえる。ひとつの音の残響が、次の音にかぶさって、両者の間にある空隙を埋める。遠くで聞く琴の音から、ことばの非連続の連続の解明のヒントを得たように思った。

ことばはひとつひとつ残響、残像をもっていて、次のことばと結びつく。音ではさきの琴の遠音がそうであり、文字にすると、ことばは、映画のフィルムに似る。ひとつひとつのコマは静止、断絶している。これにあるスピードのある運動を加える、つまり映写すると、切れ目は消えてひとつらなりの動きのある流れになる。それと同じように、ひとつひとつ独立していることばをある速度で読むと、前の語の残像がはたらいて、つぎの語との間にある空白を埋め、つながり、流れを生じる。そういう仮説を立てた。

英語の例でいうと、

Each of us have decided to discontinue our member ship.（われわれはめいめい会員をやめることにした）という文章で、文法上の不都合がおこっている。主語のEach of usは単数である。したがって次の動詞はhasでなくてはならない。ところが、実際はhaveという複数形が使われていて、文法に反する。これまでの英文法では、直前の複数usにひかれてhasがhaveに、さらにあとのourは文法的にはhisでなくてはならない。これらを〝索引〟によって合理化しようとしてきた。

私の考えは索引ではなく、残像の働きで、この破格がおこっているとした。複数

usの残像が動詞に及んで、haveを引き出したとした。この残像に修辞的残像という名をつけた。

修辞的残像を認めると、さきの例文のようなほか、いろいろなところで、その作用を認められることがわかった。

たとえば、辞書首っぴきでも難しい外国語の文章が、いくら語義をしらべても意味がはっきりしないことがある。そういうときに、そのことばを母国語とする人に自然の速さで音読してもらうと、ほかに何の説明を受けないでも、意味がわかる。これも、辞書首っぴきのようにノロノロした読み方では、残像がはたらかないからである。残像は一瞬で消えるから、精読、解読などではたらきにくい。外国語の読みはていねいすぎると、ゆっくりすぎて、自然にはたらく残像作用を殺してしまい、実際以上、わかりにくいものにしている、ということができる。

日本語の得意とする余韻も、残像作用によるところが大きい。

古池や　蛙とび込む水の音　　芭蕉

という句で考えてみる。

〝古池や〟のあとに大きな空白があって、そこで古池の残像が余韻をただよわす。切れ字の〝や〟は、その空白を確保する役をはたしているのである。

〝古池や〟のすぐあとに、〝蛙とび込む〟を続けては、やはり、残像を殺しておもしろくない。はなして、まるで無縁であるような〝蛙……〟を、もってくる。古池の余韻は深まる。そこでは休止、小さな余韻をひびかせるから、〝水の音〟をもってくる。そこでまた大きな空白があって、句全体の残像が余韻となるという次第である。

俳句は意識しないで修辞的残像を存分に生かした詩型であるということができる。外国人の俳句愛好者にも、参考になるところが小さくないように思われる。残像による余韻があってこそ、十七音の短形がよく自立しうるのである。

乱読の効用

修辞的残像の仮説は、寺田寅彦「科学者とあたま」に見られるアナロジーを用いてつくり上げたものだが、そのアナロジーは、ただおもしろく読んだ乱読によって学んだものである。私は、改まって、アナロジーの方法ということを教わったことはないから、それ自体、私にとっては乱読によるセレンディピティだと言ってよい。

ことばのイメージ、ひびき、余韻といった残曳作用は、ゆきずりの読書において得られるようである。せまい専門分野の本ばかり読んでいると、われわれの頭はいつしか不活発になり、クリエイティヴでなくなる。模倣的に傾くように思われる。それにひきかえ、軽い気持ちで読み飛ばしたものの中に、意外なアイディアやヒントがかくれていることが多い。乱読の効用であるように思われる。専門バカがあらわれるのも、タコツボの中に入って同類のものばかり摂取しているからで、ツボから出て大海を遊泳すれば豊かな幸にめぐりあうことができる。

乱読のよいところは、速く読むことである。専門、あるいは知識を得るための読書は知らず知らずのうちに遅読になりやすい。

ことばは、さきにのべたように、残像をともなっている。時間的現象であるから、丁寧な読書では、残像に助けられる読みが困難である。

その点で、精読者は談話に及ばないところがある。話す言葉はある速度をもっている。知的な話し上手ほどテンポが速いといわれるのはおもしろいことで、ゆっくりしたことばの情緒的効果は貴重であるが、新しいことを考えたり、オリジナルであることは難しい。

文字に書かれることばは、一般に、話されることばよりテンポがゆるやかである。それを読むのは、話されることばのテンポより速いことはもっとも注目されてよい。ことばのテンポということからすれば、読者は筆者より優位に立っている。難しいからといってナメルように読むのは、賢明ではない。実際にナメルように読むのを推賞する人が少なくないが、一考を要す。

一般に、乱読は速読である。それを粗雑な読みのように考えるのは偏見である。ゆっくり読んだのではとり逃すものを、風のように速く読むものが、案外、得るところが大きいということもあろう。乱読の効用である。本の数が少なく、貴重で手に入りにくかった時代に、精読が称揚されるのは自然で妥当である。しかし、いまは違う。本はあふれるように多いのに、読む時間が少ない。そういう状況においてこそ、乱読の価値を見出さなくてはならない。

本が読まれなくなった、本ばなれがすすんでいると言われる近年、乱読のよさに気づくこと自体が、セレンディピティであると言ってもよい。

積極的な乱読は、従来の読書ではまれにしか見られなかったセレンディピティがかなり多くおこるのではないか。それが、この本の考えである。

9

読者の存在

文学とはなにか

戦争が終わり、軍隊から帰ってきて、当時のことばで言えば、復員した私は大学一年の学生だった。当時は、九月に新学期が始まったから、われわれは自動的に二年になった。食糧事情などがひどく悪くて、新学期が始まっても、なかなか学生は大学へ戻ってこなかった。十一月に入ってやっと学生が揃った。

そこで主任教授の福原麟太郎《ふくはらりんたろう》先生が、学生、ひとりひとりに〝インターヴュー〟をすることになった。〝インターヴュー〟というのがひどく新鮮で、新しい時代が始まろうとしていることを感じさせた。学生数は少なかったが、全員に会ってくださるのは、たいへんなことだ、とまでは、学生は考えなかった。

私の番がまわってきた。えらい先生の前で、ロクにものが言えなかった。終わりごろに、先生が、

「なにか困ったことはありませんか」

ときかれた。とっさのことで、何と言ったらいいのか、わからない。そのころいつも考えていたことが口からとび出した。

「文学とはどういうものでしょうか。わからなくて困っています」

と言ってしまった。先生は当惑されたようである。それではじめて、そんなことをきかれたのではないのだ、と気がついた。

敗戦後間もないころである。とても勉学のできる状態ではなかった。学生たち、さぞ困っているだろう、できることなら助けてやりたい。そういう気持ちで、学生と個人面談してくださっていたのであろう。それとも知らず、文学とは何か、などという問題をもち出されて、先生もさぞかし驚かれたにちがいない。しかし先生は、おだやかに、

「それは大問題です。急にどうこうというわけにはいきませんが、おいおい、わかってくるでしょう」

とおっしゃった。ありがたいと思うべきだったのに、そうは思わなかった。真剣な質問をはぐらかされたようで不満であった。これは自分の独力で答を出すことだ

と心にきめる。

面接を受けたとなりの部屋が、英文科の図書室である。その足で、そこへ行って、「文学一般」(General)というセクションの本を全部、読んでやろう、そうすれば、文学というものがわかるに違いないときめたのである。はじめの方から順次借り出して読むことにし、さっそくその日、二冊を借りて帰る。

英文科の図書室は、助手の管理のもとにあった。当時より三代前の助手、山路太《やまじた》郎《ろう》氏は、世界的批評家詩人ウィリアム・エンプソンが東京の大学で教えた学生の中でエンプソンをもっともよく理解した人、俊才であった。

エンプソンの属する、いわゆるケインブリッジ学派の著書が実によく集められていた。外国からの本が入ってこなくなりかけたときに、目ぼしい本がそろってくれていた。その恩恵を、そのころは、それと知らずに受けた。それから六十年たった現在もなお、あの図書室の本に感謝する気持ちは変わらない。

私の読者論

いつも借りてきた本を手ばなさない。電車を待つ間でも、いくらか読む。夜はもちろんおそくまで、ほかのことは放り出して、借り出した洋書を読む。週に三冊くらいのペースで読み上げていたようで、まさに、乱読であった。

もちろんノートなどとらない、とれない。学校の本だから書き込みもできない。感心したところは頭に入れてくり返す。それでも、大事なことは忘れない。ノートをとりながら本を読むのをオーソドックスだと考えていたのが変わった。読み飛ばしたって、心にひびくところは消えたりしない、ということがわかって、ノートをとりながらの読書をやめた。乱読法を自分なりにつくり上げたようである。

どうしたわけか、そのころ、女性学者、批評家、作家に心をひかれる傾向があって、ケインブリッジ・スクールでも、ヴァージニア・ウルフにまずとりつかれた。しばらくするとあまり有名でないQ・D・リーヴスという女性批評家の本のとりこになった。たいへん新しい角度からものを見るのが魅力的である。ウルフでもそうだったが、こんな頭のいい人がいるのかと目を見張った。その『小説と読者層』という本は、目からウロコであった。これまで、こういう視点から文学を考えた人はなかったに違いない、と考えた。

ケインブリッジのライヴァル、オックスフォード大学は、保守的で、伝統を重んじ、その限りにおいて古くさかった。オックスフォードの英文主任教授が、「作品はあるがままに読め」と説いていて、日本人の未熟な学生でも子どもではあるまいし、もう少し、しゃれたことは言えないのかと考えたりしたものだ。それだけに、ケインブリッジ・スクールの知的思考は新鮮、刺激的であった。私は、Q・D・リーヴスの本を夢中になって読んだ。しばらくは、ほかのことを考えられないほどであった。

もっとも、全面的に心酔したのではない。ところどころで、ついていけないところがある。こちらの頭がせまいせいではなく、価値観が違うからだろうと思った。たとえば、読者がそうである。われわれは、まず、ひとりひとりの読者を土台に考えるが、リーヴスは読者層（reading public）を問題にする。なぜ個人でなく、集団をさきに考えるのか。はじめはよくわからなかったが、大問題がひそんでいるような気がした。

しばらく本から離れて、あれこれ空想しているうちに、読者という存在の重要性にたどりついたような気がした。

それまでずっと、文学でもっとも重要なのは作品で、ついで、それを生んだ作者が大きな意味をもっている。文学の研究は、作品論と作家論で完結するように考えられている。文学史を見ても、作品名と作者名だけが出てくる。作品を読む読者は数の多いこともあるが、文学史上に姿をあらわすことはない。

これは不当ではないか、と私は考えた。

読者のないものは、果たして、作品と言えるのか。文章ではあっても、作品とは言えないように考えられる。少なくとも文学作品が成立するには、作者、作品、それを読む読者が形式上も必要である。この点においても、読者のことをまったく無視しているのは不当である。どうしてこういう不条理が世界的に常識になっているのか。そういう疑問が湧《わ》いてきて、私は緊張した。ひょっとすると、自分の誤解かもしれない。もし、そうでなければ、発見かもしれない、と思った。

それからの何年もの間、いつも、読者の問題が頭にあった。そして、読者は作品にとって必要条件で、読者のないものは、文書記録ではあっても、文学作品とは言えない、という命題に達した。

読者論というジャンルが必要だと考えて、試論を発表した。それまで考える人もなかった問題だから、認める人はまったくない。妙なことを言っていると白い目で見られていた。別にひとに認めてもらいたくて考えたことではないから、無視されても一向に平気であった。

しばらくすると国文学畑の前田愛《まえだあい》氏が、日本文学からの視点で読者を論じ、これは一部の人から評価された。しかし私の読者論に目もくれる人はなかった。

一九七〇年代になってドイツで受容論がおこった。さっそく日本へも紹介され、一部の人たちは興奮したように見えたが、ヨーロッパで生まれた考え方である。容易にわがものにすることはできない。いつのまにか忘れられてしまった。私の読者論はドイツの受容論より少なくとも十年は早い。もちろん、まったく違う考え方にもとづいているが、志向は一致している（もうひとつ、おもしろいのは、こういう受け手論が、この前の大戦の敗戦国になった日本とドイツに生まれたことである。私の読者論はドイツの受容論とはまったく無縁であるけれども、これまで弱者の扱いを受け、無視されてきた読者に光をあてようとしたところは同じである）。

作者絶対視に対する疑問

私の読者論は作者絶対視に対する疑問をはらんでいる。印刷文化の発達、普及は強い作者、とるにいたらない読者を前提にしている。作品はすべて作者の手によって創り出されるもの。読者はそれを全面的に受け入れて読む喜びを受けるものとされた。それに異をたてる読者があっても、その声を伝えるものがない。読者の立場を示す批評があってもよかったのに、批評は作品にぬかずき、これをうやまう、神主のようなものになってしまった。読者は沈黙の享受者であった。その状態はいまもつづいていると言ってよい。

外国の文学、著作を読むというきびしい試練を重ねていて、私の中に、読者としての個性のようなものが芽生えていたらしい。それが、Q・D・リーヴスの本によって、目をさましたのである。

私の考えた読者、それを私は近代読者と呼ぶことにしたが、受身一方の読者ではなく、作品を賛美するだけの読者でもなく、自分の個性にもとづいて、解釈を加え、かすかでも作品の生命に影響を与えることのできるアクティブな読者である。そういう読者がなければ、作品、書物は、多くの人たちに受け入れられるものにならない。そういう読者にとって、解釈ということがきわめて大きな意味をもち、ときとして、作品の運命を左右することもある。それが近代読者だと考えた。そのあらましを「近代読者論」（一九六二）にまとめた。それから半世紀たったが、いまもなお仮説のままになっている。

こまかいところはとにかく、読者が作品にとって、決定的重要性をもつとする思考はいずれ承認されなくてはならないと考える。日本だけの問題ではなく、広く世界の文学についてもそう考えられる時代がいずれやってくる。そう信じている。

不利な条件のすすめ

「文学とは何か」

先生にきいても教えてもらえないから、文学概論、文学原論の本を片っ端から手当りしだいに読んだ。しかし、読めば読むほど、わからぬことが多くなったような気がする。やがて、本によって解決する問題ではないことがわかる。つまり失敗したのである。そしてそれまではっきり自覚したこともない読者の問題が飛び出した。

長い間、外国語を読む修業をして、いつしか読者としての自分、個性のようなものができかかっていたのであろう。そこへ、読者を論じた本に出合って、その知見が、半ば眠っていた、私の関心に触れ、たんに混じり合うのではなく、はげしい化合、融合反応をおこしたのであろう。これまで存在しなかった読者の独立がおこった。小さいながら、セレンディピティである。自分でも、おどろいた。そして何年越しにつづけてきたケインブリッジ・スクールとの出合いをありがたいものに思った。

　終戦直後の日本で、イギリスの新しい文学批評の本を何冊も立てつづけに読むというのは、たいへん難しいことであったが、たまたま、研究室によく選び抜かれた書物が多くあったのも、偶然の幸運であった。同じような経験をした人間は、日本だけでなく、ほかの国でもなかったと想像される。そういうところから、他に見られない新しい着想が現れたとしても、それほどおどろくことはない。自分ではそう思っている。

　そのころ、在外研究、留学が細々ながら復活して、若い人たちは競って外国へ行こうとした。それを横目で見ながら、私は外国で、知識不足、能力の足りないのを思い知らされ、知的活力を失うようなことは賢明ではない、と考えた。国内にとどまって勉強しても、新しいことを発見するチャンスはその気になればいくらでもあるだろう。それを自力でとらえ、ひとの考えなかったことをすることは可能である。そう思って、海外留学はすまいという気持ちを固めた。

それについては、直接、面と向かって批判をする人はなかったが、異端視されたことはたしかである。あとでふり返って考えてみると、非留学主義はかならずしも間違っていなかったような気がするのである。

外国留学をした人たちは、新しい知識を身につけた。まったく新しい学問に触れて目をひらかれた人が多かった。それを思うと、留学しなかった自分はおくれた人間であるような気持ちにもなった。

留学した人たちは、セレンディピティをおこしたかというと、ほとんどないように思われる。知識だけはたっぷり身につけるが、難しい問題を自力で考える力は失ってしまうことが多いのではないか。

自分でものを考える力をつけるには、近くに、強力な人や本があるとかえってよろしくないようである。むしろ遠くにありて読み、遠くにあって考えるものにセレンディピティはおこる。成功からは新しいものが生まれない。失敗、誤解のもとにおいて偶然の新しいアイディアが生まれる。

読者の発見によって、私は、漠然とではあるが、そういう考えをもつようになった。あえてよい条件からはなれ、不利なところで努力する方が新しいものを見つけることができる、と考えている。

留学していたら、読者論は生まれなかっただろうことは、ほぼたしかである。

10

エディターシップ

教師としての挫折

あとで振り返ってみると、学校を出てから十年ほどの間、私は失敗ばかりしていたような気がする。

大学を出て、すぐその大学の附属中学校の教師になった。ちょっとよいポストだとみられていたから、いい気になって赴任した。

三カ月もすると、これはいけない、と思い出した。生徒がよく出来る、それはいいが教師をどこか小バカにする。ことに新米教師にはすなおでない。教えるのがいやになる。

というのも、在学中に、アルバイトで、ある私立の中学校の教師をしたことがある。戦災にあって破れた窓ガラスがそのままだった。そんな学校で三年生の英語をまかせると言われた。生徒にきいてみると、入学して二年、英語はローマ字を教わっただけであるという。三年生だが一年の教科書からやらなくてはならない。一年間で三年分の勉強をする勘定である。

生徒に言った。普通のことをしていてはとても追いつくことはできない。ボクも一生懸命やるから、キミたちもがんばってついてきてくれ。それがダメならボクは辞める。

そんなことを話すと、生徒たちが、やります、がんばります、辞めないでくださいと叫んだ。

そうして始めた授業である。生徒がいじらしいほど勉強する。ほかの教科の先生から、英語ばかりやって、こちらの宿題をやってこない、と苦情が出た。

一年して、三年のリーダーを終えたとき、教師も生徒もいっしょになって歓声をあげた。私はそこで辞めて、卒業論文に専念することになったが、二年後、東京外国語学校へ二名合格した。東京外語の英語科はそのころおそらく日本一の難関であっただろう。風の便りにその話をきいて、教育はおもしろい仕事だと思った。

すこし浮かれていたのかもしれない。附属中学なら生徒も優秀だろう。すばらしい成果があげられる。そんな甘い考えで、附属中学へ行ったのである。こちらが若造で、ものがわかっていなかったのである。夢はたちまち破れた。

一年半で退職を申し出た。

「英語青年」の編集

大学へ戻って、研究生にしてもらい、昔のイギリスの詩の勉強を始めた。はっきりした目標があるわけではないから、ただ、ひとの読まない古い英語を読んでいい気になっていたのである。

二年すれば研究科も出なくてはならない。就職したくてもポストがないから、家庭教師でもして食っていこうとノンキなことを考えた。

そこへ恩師の福原麟太郎先生から速達が来て、「英語青年」の編集をするようにと言われた。先生も行くあてのない学生を心配しておられたらしい。たまたま「英語青年」の編集主任をしていた先輩が大学へ移ることになり、その後釜に、というのである。

中学を失敗、まるで役に立たない中世英語などやっている人間に、月刊雑誌の編集などできるわけがない。そのことは先生もご存知のはずだが、他に人がなかったのであろう。「余人をもって替えがたく……」と速達に書かれていた。お断わりに行ったが、まあとにかくやってみなさい、と言われて、編集主任を任された。編集部を名乗っていたが、ひとりですべてをするのである。前任者がしばらくはコーチをしてくれたが、それくらいでまっとうなことができるようになるわけがない。

私の編集した雑誌がどんどん売れなくなっていく。月刊一万部、返品、二〇パーセント前後で引き継いだのが、みるみるうちに不振になる。返品率は三割をこえ、三割五分になっても上向きにならず、四割をこえても落勢はとまらない。社長も渋い顔をした。福原先生に遠慮してひどいことは言わないが、それがかえってつらい。

読者はどこにいるのか、何をのぞんでいるのか、どうしたら、売れる雑誌がつくれるのか。明けても暮れても、そんなことばかり考えた。もちろん答の出るわけがない。

名編集者といわれた人たちの書いた本を読みあさるのだが、まるで参考にならない。だれそれの原稿をとることができた。だれそれに原稿をはじめて書かせた、といった手柄話で、まるで話にならない。知りたいのは、執筆者のことではない。読者である。それに触れた本は、私の見たかぎりでは皆無であった。名編集者に学ぶことはあきらめた。

二次的創造

そして、あてもなく、いろいろな本を読んだ。どうしたものか、食べもののことを書いた本がおもしろくなって、あれこれ読んだ。

ある朝、トイレで用を足していて、突如、編集は料理に似た加工であるというアイディアがひらめいた。そうだ、思わず声をあげた。編集は他に類のない仕事だと思ってきたが、そうではなく、料理人も編集に近いことをしているのではないか、と思ったのである。

料理に使う素材は料理人がつくるのではない。材料を調理して食べものにするのである。執筆者の書いた原稿を、うまく組み合わせておもしろい誌面にする編集と通じるところがある。そう考えた。

それをきっかけにして、エディターシップの概念をつくり上げた。第二次創造論である。第一次創造は、素材をつくる。しかし、それだけでは読者の欲する読みものにならないことが多い。そこで、第二創造の出番がある。適当な加工を加えると、第一次創造になかった価値が生まれる。

それ自体、単独ではさほどおもしろくないものが、それと対照的なものと隣り合わせにしたりすると、新しい味わいが生ずることがある。このときの付加価値が第二次創造、エディターシップによるものである。

そう考えると、この二次的創造はいろいろ他の分野においても認められていることに気づく。

映画は俳優の演技によるが、俳優が勝手に動きまわっても映画にならない。監督が俳優を活かしてフィルムにする。俳優が一次的創造とすれば、監督の役割は二次的である。かつては、一次的創造の俳優の方が二次的創造よりも社会的に注目されたが、だんだん映画が進化するにつれて、監督の方が俳優におとらず、やがては俳優以上の評価を受けるようになる。

野球でも、プレーヤーは一次的活動であるのに対して監督は二次的である。いまでは名プレーヤーに劣らぬくらい監督の存在が大きくなっているが、これもエディターシップに近い機能をもっている。

オーケストラは奏者の数の多いこともあり二次的創造者の指揮者ははじめからプレーヤーにおとらぬ高い評価を受けた。エディターシップとしてもっとも進んでいるのはオーケストラの指揮者かもしれない。

読者をおどろかす企画

編集がうまくいかない。そんなとき、はじめは、執筆者などの意見をきいた。先輩の編集者の本を読んだり、話をきいたりしたが、役に立たなかった。愛読者カードをはさんで読者の声をきくこともしたが、いずれも役に立たない。役に立たないどころではなく、執筆者の声をきくのは危険である、ということをあとで気づいた。執筆者は自分の書きたいことをカムフラージュして企画のように提案したりする。経験のない編集者にはそれを見破る力がない。言われるままにして失敗する。

関係のない遠くの離れた分野の人の考えを知ると、思いがけないアイディアが生まれる。のちのち、私はこれを小さなセレンディピティだと考えるようになった。

そんなわけで、幼いながらエディターシップという理念をとらえたように思い、いちかばちかの雑誌の特集企画を立てた。企画を立てるのがエディターシップの最大の仕事である。企画はなにか発見をふくんでいないといけない。いい案が得られず何日も悩むことがあってもおどろくことはない。

「英語青年」の返品が四割五分に迫ったころ、私は退職を覚悟した。そして、考えついたエディターシップの線に沿って読者をおどろかす、そして買わずにいられない特集の企画を立てた。それが失敗したら、辞めるつもりであった。背水の陣である。

「学校文法と科学文法」という特集で二号にわたる企画を立てた。いまからすると吹き出したくなるようなシロモノだが、五十年前の当時では、斬新だった。

発行一週間で、売り切れ。追加注文があったが、原版刷のかなしさ、すでに解版してしまっており、増刷はできない。次号は一万二千部発行。これもほぼ完売であった。わがエディターシップは成果をあげたのである。

この特集で読者とのパイプができたようであろうか。その後は、格別の努力をしなくても読者ばなれをおこすことはなかった。二年間はやってくれと言われたのを十二年も続けることになった。

四十歳になった。菊池寛《きくちかん》の、編集者は三十五歳説に、おくれること五年である。あわてて、雑誌を離れた。こういう見切りをつけるのもエディターシップの心である。

エディターシップの考えたことを本にした。わが国ばかりでなく、諸外国にもまとまったエディターシップ論は、いまも存在しないように思われる。

2

11

母国語発見

1

日本語がわからない

私は一度、日本語を忘れかけた。忘れていることも意識しなかった。それを少しも異常なことだとも思わなかったのだから異常である。

昔の中学校を出て東京高等師範学校の英語科に入学した。昭和十六年で、戦争の始まる直前である。そんなとき好きこのんで、英語を専攻しようというのは、普通ではない。まわりは白い目で見ていたのだろう。なんとなく居心地がよくない。開戦になると、さっさと退学、予備校通いを始めた同級生が何人もいたが、田舎出のこちらは泰然、ではなくぼんやりと、せっかく入学した学校、めったなことではやめられないと、のんびりしていた。

その代り、英語の勉強にはいっそう力を入れた。下宿さがしをしていると、下宿屋のおやじが「スパイのことばやってるのか」と言うから、「日本のための勉強をしている」とやり返した。おやじは「悪かった」とあやまって、下宿させてくれることになった。

勉強するつもりでいるのに、やたら徴用する。軍需工場で機関銃の薬きょうを作らされたことがある。それは納得がいく。おかしいと思ったのは、農家で稲刈りなどさせられたことである。タダだから学生を使ってやれというのがおもしろくなかった。

稲刈りをした日、夜おそくまで、英語の本を読む。よくわからないからすぐ眠くなる。でもつまらない農作業よりははり合いがあった。

戦争が終わって、われわれ英文科の学生は難しい立場になった。それまで世の中に背を向けて勉強していたのに、世情一変、これからは、英語の時代だ、などと言う人がうようよしている。戦争中、まわりから冷たい目で見られていた英語の学生の多くが、この急変に足をすくわれて、地道な生き方をすててしまった。

進駐軍のアルバイトへ行けばいい収入になる。おまけに、缶詰めやタバコももらえる。学校そっちのけで働いた友だちが多かった。

それをみて、私は愛国者になったらしい。われわれが戦争中の難しい時期に英語を勉強したのは、アメリカ兵にコキ使われる人間になるためではない。日本人として日本のためになる勉強をしていたはずだ。志を曲げたくない。そう思って、アメリカ英語は敬遠、イギリスの昔の英語の勉強をする決心をする。

おせっかいな先輩が、そんなことをしていてはウダツが上がらない。だいいちカネにならない、などというから、大いに軽蔑した。

とにかく英語がよく読めるようにならないといけないと思った。一日外へ出ない日は、朝から夜の十時、十一時まで、ずっと英語ばかり読んでいた。

だんだん読むスピードもついた。ひところは一時間に十五ページくらい読んだ。これだと、二百ページくらいの本が二日で読み上げられる。学生寮で同室だった東大の経済学部の学生が、そんなに速く読んで意味はとれるのかと言った。文字通りの乱読だが、ちゃんとわかるところはわかっていた。英語の読書力ではたいていの日本人より力が上だ、とひそかにうぬぼれた。

そういう生活を四、五年もつづけただろうか。

思いがけなく、月刊の雑誌をひとりで編集することになった。もちろん、そんなつもりはまったくなかったから、それこそヒドイ目にあった。半ば覚悟の上であったが、いちばんショックだったのは、日本語がわからないことだった。ずっと何年も英語ばかり読んでいたのだから、少しばかり知っていた日本語が死んでいたのである。

雑誌の埋草を書くのは編集の大事な仕事だが、それが書けない。五行から十行くらいの短い文章だが、どうしてもまとまらない。短文の方が長文よりも書きにくい、などということを知るよしもないから、日本語を書くのに恐怖をいだくようになった。

ことに五、六行の埋草が、うまくいかない。初校をまっ赤にして印刷へ戻す。その再校をまた直して返す。こんなことをしていて、印刷からひどく叱られたこともある。

とにかく日本語を読まなくてはならない。手当り次第に読む。どうも英語とはまったく違うことばらしいということがわかってきて、興味がわいた。日本語のことを書いている人たちが、日本語だけを問題にしているのは当然であるけれども、外国語かぶれした人間の目から見て、いかにも表面的であるように思われた。

それまで英語漬けになっていた人間からすると、日本語ははなはだ新鮮である。英語もいいが、日本語はもっとおもしろい、といった当たり前のことを新しいことのように思ったりする。

日本語は論理的でない？

明治以来、日本語は論理的でない。ひいては日本人も論理的でない、というのが、知識人のひそかなコンプレックスであったが、それを本気になって考えた人は見当たらない。日本語と英語の本をちゃんぽんに読んでいて、違ったことばであることが痛いほどわかる。もし、論理だけが同じだったら、それこそおかしい。日本語には日本語の論理がある。なければいけないということに気づいたのは、いつだったか自分でもわからないが、よくわからないところで気づいてはいたようである。偶然の発見（？）だったと思う。

どこの国のことばにも、固有の論理がある。あるはずで、なくては、おかしい、話が通じなくなってしまうだろう。世界共通の論理をきめてしまって、それに合致しないものはすべて非論理だというのは思想的ファッショである。そう考えて、日本語の論理を考えるようになった。

日本語はアイランド・フォーム、つまり島国的性格を帯びている。国境で他国と隣り合わせになっている国のコンティネンタル・フォームとは対照的である。両者の論理が大きく異なるのは当然である。

人が他人との間にもっている心理的距離も、アイランド・フォームの国ではかなり濃密で互いによくわかっていることが多い。コンティネンタル社会では相手が未知であることが多く、警戒が必要である。アイランド・フォーム社会では、一をきけば十はともかく、五や六までわかっていることが少なくない。二、三、四と、すべてを並べなくても、一、五、十くらいで充分である。いちいち、念をおしたりすれば野暮になる。くどいときらわれるかもしれない。

コンティネンタル社会のことばの論理が、ライン、線状であるとすれば、アイランド・フォームのことばの論理は点的であるということができる。

点と点は、受け手によって、結びつけられる。点と点が直線的な並び方をしているのはおもしろくないから、蛇行状に点が飛ぶ。コンテクスト（文脈、前後関係）をとらえていない受け手には、これを読み〝解く〟ことができなくて、わけがわからなくなったり、間違った筋として受け取る。アイランド・フォーム社会は、そういうのを野暮として相手にしないのである。

通人は、飛び飛びになって散乱している点を適宜結び合わせて、言外の意味までも了解する。それがことばのおもしろさと考えられるのである。

俳句はそういう日本語の論理がもっともはっきりあらわれた様式で、コンティネンタル言語になれた人には謎のようになる。日本人にとっても、人によって点の結合の仕方が異なることがあって、同じ意味にならないことがある。どんな勇気のある大学でも、入試に、俳句の意味を問う問題を出すことはしない。受け手によって微妙な差が生じ、それが、それぞれに正しい、ということがおこるからである。

こういうことは、日本語だけしか考えない人には思い及ばないかもしれない。外国語に没頭、母国語を半ば忘れかけた人間が偶然に思いつくことで、やはり一種のセレンディピティと言ってよかろう。

悪魔よばわりされた日本語

もう五十年も前のことになるが、アメリカの有力週刊雑誌「タイム」が日本文化大特集号を出したことがある。当時の編集長はルースといったが、すぐれた編集技術をもっていて読者から一目おかれていたようである。私も熱心な読者で、毎号、初めから終わりまで読み通した。

その「タイム」が日本文化の特集をするというので期待し、熱心に読んだ。おどろいたのは日本語に対する無知で、愛読している「タイム」が、どうして、こんな記事をのせたのか不思議な気がした。言語の部のタイトルが、こともあろうに〝悪魔の言語〟としてある。彼らのことばは神のことばであるが、日本語は悪魔のことばだというのだ。もっともこの文句は「タイム」の発明ではない。

その昔、日本へはじめてやって来たカトリックの宣教師は、日本語がわかりにくいのにはひどく苦労、腹を立てたのか、ローマへ、日本語は〝悪魔の言語〟と書き送ったのである。それが四百年も消えず、アメリカ人の気に入って復活した、というわけだ。

私はひどくおもしろくなかった。よくも知らないことばを〝悪魔〟よばわりするのは、悪い趣味である。

悪魔よばわりされた日本語を、日本人が黙っている手はない。抗議反論は当然である。そういう反論が出るだろうと見守っていたが、ついぞそういう意見はあらわれなかった。言われっぱなし、ではいかにも情けない。アメリカは、そして世界は、日本語はおかしなことばであると思うであろう。口惜しいと思って、私はこれを日本語を再考するきっかけにした。

「タイム」が日本語を〝悪魔〟の言語と呼んだ根拠はいかにも薄弱で、いちばん大きく扱われたのは、人称の問題であった。

「タイム」は、日本語には第一人称がいくつもある、とおどろく。ヨーロッパ語では第一人称は一語ときまっているのに、日本語には、わたくし、わたし、ぼく、おれ、などいくつもある。そして、さらにおかしいのは、いくつもある第一人称をまったく使わないでものを言ったり、書いたりする。主語のないセンテンスがゴロゴロしている。理解に苦しむ、というわけである。

第二人称も、いくつもあっておかしいし、あるのに、使わないのだから、いっそうおかしい、というのである。

「タイム」の記者は、日本語文法には、人称の範疇、カテゴリーは不要であることを知らない。ヨーロッパ風文法を真似てつくられた日本文法でも、人称の概念はあいまいである。

ヨーロッパ語の人称が重要であるのは、動詞がそれによって変化するからだ。そういう語法のない日本語には人称は必要ないのである。

人称というのは、〝ワレ〟と〝ナンジ〟の対立を基本とするコンティネンタル言語でのことである。

しかし、この「タイム」の的外れの日本語批判は、私には思いがけないヒントを与えてくれた。

ずっと以前から、芝居の中で悪事がおこなわれても、見物は、けしからんと怒ったりしないで、おもしろそうにながめる。野暮な官憲がときどき良俗を乱すといって取締ろうとするが、見物はつねに、舞台に好意的である。舞台と客席では異なる論理が作用していることを認めなくてはならない。役者と見物は異なったコンテクストに属しているとしなくてはならない。

舞台上の世界を第一人称から第三人称のコンテクストとすれば、客席はその局外の第四人称であることになる。

演劇を第一人称、第二人称、第三人称だけで説明することはできない。観客のない芝居は芝居でないとすれば、舞台の外に第四人称を考える必要がある。

そういう第四人称を見つけたのである。さらに、その外に、時間の加わる第五人称も存在すると考える。

古典をつくり上げるのは、作者みずからではなく第五人称である。第五人称は第四人称とちがって同時的存在ではない。この第五人称を認めないと、古典の生まれる事情を理解することができない。

「タイム」の誤解がきっかけとなって、私は第四人称と第五人称の考えをもつことができた。やはりセレンディピティのひとつであるように考えている。

12

古典の誕生

文学史のなぞ

文学の勉強を志してそれなりの勉強をしたが、かんじんな文学の正体はいつまでたってもはっきりしなかった。指導教授に質問して答えをもらうことができなかったのはさきに書いた通りである。

文学原論、文学概論の読書も、この問題についてはまったく無力である。はじめに文学ありき、を前提として話をすすめる。そういう本の著者にも、文学とは自明のもので、それを、何かなどと問うのは野暮と考えたのかもしれない。外国の文学を学ぼうとしているものにとって、そういう考えは通じない。文学において、しっかりした思考がはたらいているのかどうか。疑問に思うこともあったが、そういう外道に走ってはいけないと自粛したのである。

文学史というものがあって昔から近年にいたるまでの作品を年代順に並べている。文学史をいくつか併行して読んでみると、それぞれの評価がときに大きく異なっている例が出てくる。どちらも正しいらしいから当惑する。ヨーロッパの文学史では、カトリック的史観とプロテスタント史観とが対立する。カトリック作者の作品にカトリック的文学史は賞賛を惜しまないが、プロテスタントの文学史ははなはだ冷淡である。どちらも正鵠を射ていないとすれば、局外の東洋人の方が正しい見当ができるかもしれない。

文学史をいろいろ読んでいると、おかしいことに気づく。たとえば、平安期の文学について、いま残っているテクストのうちもっとも古いのが鎌倉期になってからのものだ。「源氏物語」でもそうである。「枕草子」もそうである。どうして同時代のテクスト、稿本が残らなかったのか。

文学史は、京都の大火によって、古文書が湮滅したと説明する。それを真《ま》にうけるのが文学好きな人なのであろう。これに疑念をはさむものが古来なかった、少なかったのは不思議である。たとえ大火であっても、大切なものならもち出すはずではないか。すべての稿本が亡くなってしまったのは、火災などによるものではなく、もっと怖ろしい破壊力をもつ価値の革命があったと想像する方が合理的である。鎌倉期においてそういう革命がおこり、それまでのテクストをすべて葬り去った。その代りに新しいヴァージョン、テクストが生まれ、それが現在まで生きてきた。そう考えることも、可能である。

少なくとも大火災で稿本が一斉に焼けてしまった、などという話より、思想上の革命によると考える方が無理も少ないように思われる。だいいち大火湮滅を信じるとすれば、その後残るものはないはずである。鎌倉期に復活するにしても、そのもとになるテクストがなくてはならない。火災になって、とりあえず写本をつくる、などということは考えにくい。やはり、大火をまぬがれた稿本があったはずであるが、それは鎌倉期の新版の出現によって廃棄されたと考えるのが妥当で、わかりやすい。

後世の受容

文学研究において原稿が、文献学になって作品の原形を明らかにする最高のテクストとされるようになった。文学作品の変貌ということははじめから論外とされたのである。

イギリス文学にはこういう例がある。

英文学最古の作品は「ベイオウルフ」ということになっている。文学史では七世紀ごろの作品だとしているが、現存する最古のテクストは十一世紀の稿本（大英博物館蔵コトン・ライブラリ）である。空白は四百年。その間、残っているテクストは皆無である。それはしかたがないが、看過し得ない問題がある。もとの作品が生まれたころのイギリスはまだキリスト教が広まっていなかった。したがって、異教的であったと考えられる。ところが、コトン・ライブラリの稿本は、すっかりキリスト教的になっているのである。

原作がそのまま伝えられて現存テクストになったのではないことは、明白である。だれが、いつどうしたか、今となっては知ることはできないが、オリジナルの作品がそのまま文学史の作品になったのでないことだけは認めなくてはいけないだろう。繰り返しになる。ずっと時代は降るが、十八世紀に、ジョナサン・スウィフトに

『ガリバー旅行記』という作品がある。いまは児童文学の古典であるが、作者のスウィフトは、子どもの読みものを書いたわけではなかった。

当時のイギリスの政界はたいへん乱れていて、政治的不正、堕落は目に余るものがあった。作者はそれに腹を立てて弾劾する作品を書いた。政治的性格のつよいものだから、実名を出せば、ただではすまない。それで諷刺の形をとった。同時代の人には、それで充分見当がついたのである。たとえば女王の前で綱渡りをするのがだれであるか読者にはわかるようになっていた。かなり人気をあつめたが、作者に累の及ぶことはなかった。

それはいいが、諷刺というものはピストルのようなもの。至近距離には威力をふるうが、遠くにはタマが飛んでいかなくて無力である。諷刺も同時代の人には強烈な効果をあげるけれども、後の時代の新しい読者にはピンとこなくなる。『ガリバー旅行記』も十九世紀になると、諷刺さがなくなってしまう。もとの意味がわからなくなる。普通なら、そこで作品の生命は終わるところであるが、『ガリバー旅行記』はそうではなかった。

諷刺ではなく、リアリズムの作品として読む人たちがふえて、再評価を受けるようになる。児童の読みものとしてすぐれていることが発見され、それが定着し、世界的名作になった。

この再評価を作者が喜ぶかどうかはわからない。不本意だと言うかもしれないし、望外の喜びだと考えるかもしれない。いずれにしても、いま古典となっている『ガリバー旅行記』は作者の力のみによって成立しているのではないことだけははっきりしている。作者の作意から大きく外れた受容によって古典が生まれたことは否定できない。

つまり、古典は作者ひとりで生まれるのではなく、後世の受容によって創り上げられるもののようである。絶対的作者の概念は、古典に関する限り、修正されなくてはならない。作者が作品を創るのだが、それがそのまま古典として歴史に残るのではない。後人の目に見えない力が加わって古典になったり、逆に消えたりするということを承認しなくてはならない。

「千年生き残る」？

そんなことをぼんやり考えてはいたが、なお、古典というものがはっきりとらえられないでいた。

そういう迷いの中にあったとき、稲垣足穂《いながきたるほ》という詩人が自分の作品に「千年生き残る」といった意味のことを新聞広告にうたっているのを見て、目がさめたようである。いくらすぐれた詩人でもこんなことを言う資格はない。古典は作者によって生まれるものではなく、読む人、後々の人によってつくり上げられるものである。詩人がどんなすぐれた作品を書いたにせよ、自分で、千年の古典になるなど本気で考えることはできない。それを出発点にして、自分なりの古典の原理を仮説としてつくり上げた。

作者は作品を創る。それに文学史的価値を加えて古典にするのは受容者である。作者だけで古典になった例はない。そういうのが私の古典の説である。

宮澤賢治は戦後になって文名を高めた詩人で、「雨ニモ負ケズ、風ニモ負ケズ……」は知らぬ人もないほどだが、作者がそれに自信をもっていたかどうかは疑問である。

というのも、この詩は作者生存中には発表されることなく、手帳の中で眠っていたのである。遺稿を整理した人が発見、公表して、たちまち有名になったのである。作者が本当に自信をもっていたとすれば、生前、発表したはずである。そう思わなかったから手帳の中に放置されていたのであろう。これを明るみに出したのは、作者ではないが、古典を生んだ点で第二の作者と見てよいかもしれない。少なくとも古典化はこの発見者であった。もしその力がなければ、この詩は永久に闇の中へ葬られたであろう。われわれ読者は、そういうことをほとんど考えないで、宮澤賢治の詩を古典だとしている。

三十年後の関所

作品が生まれる。

作者がそれを評価する。自分でよく出来たと考えることもあろう。逆に失敗だと考えることもあろう。しかし、この作者自身の評価はしばしば偏っている。客観的でないからで、作者は自作について、客観的になることはきわめて難しい。思い込みから自由になることができないのである。思い込みは対象を歪めて見せる。

運がよければ、書評を受ける。これは第三者による評価である。作者の自己批評に比べてはるかに客観的であるけれども、なお、充分に客観的になるだけの距離を欠いていることが少なくない。同時代批評は多く次の時代に達する前に消える。先にも触れたが、イギリスの有力書評誌、「タイムズ文芸批評」がかつて、二十五年前の誌面を再現して見せたことがある。

たった二十五年であるのに、もとの書評のほとんどが正当を欠いていることが明らかにされた。二十五年でさえ、同時代批評はのり越えることができないのである。

近いということは、ものごとを正しく見定めるには不都合なのである。近いものほどよくわかるように考えるのは、一般的な思い込みである。自分のことがいちばんわかると思っているが、実は、もっともわからない。近いからよくわかっているように考えているが、やはり、本当のことは見えない。

書評にしても同時代批評は近すぎるために見ちがえをする。目がくもっていて、本当のことがよく見えないのであろう。

さきの「タイムズ文芸批評」は勇気ある企画によって、二十五年たつと、批評が質的に変化することを見せつけることができる。

私の試考では、二十五年では少し足りない。三十年くらいたつと、文化的状況が一変する。十年ひと昔というが、まだ、充分に遠くない、二十年、二十五年も前の時代の影響が残っている。一世代、三十年たつと、知的風土がほぼ完全に刷新される。

それまで生きてきたものが、ここで新しい審判を受ける。それまではよしとされたところも、新しい基準によれば不可となることがあり、作品の評価は大きく変化する。それにともなって、それまで生き残っていた作品の多くが消滅することになる。

この三十年後の関所を越えたものが古典として永い生命をもつ。文学史の中に入り、よほどのことがない限り、消えることはない。

古典とはそういうように生まれる。つまり作品そのものを創るのは作家であるが、その価値、歴史的評価が決まるのは、作品、作者から三十年以上たったときからである。古典は原作が生まれて、三十年以上たたないと、古典になることができない。

文学史をふり返ってみても、三十年以内で古典になったものはないように思われる。平安期の文学や、イギリスの「ベイオウルフ」は、古典成立までに何百年もかかっていることを示す。

いかに自信家でも、自作が千年の生命をもつ古典になると断言することはできない。古典の発見をすれば、そう考えることができるが、そういう思考を与えてくれたのは、この詩人の暴言であったのは皮肉である。

不勉強で、諸外国における古典成立説がどうなっているか、不案内であるが、私の考えをまとめて、『古典論』という本にした。

たまたま、三十年近く前に出した私の『思考の整理学』という小著が、二十五年くらいから売れ出して、一部の人々をおどろかせたが、これも古典化のプロセスをたどっているのだろうか、と考えたりする。

4 | 13 | 1

13 乱談の活力

二〇四五年問題

よくはわからないが、二〇四五年問題というのがあるそうだ。コンピューターが進化して人智を凌駕するのが二〇四五年だという。

このままでは、そうかもしれない。人間も新しい手を考えなくてはいけない。人智の進化は難しくとも、進歩くらいできないことではない。

ここ三〇〇年、人類は、本を読めば賢くなるという迷信にとらわれてきた。勉強はまず本を読むことなりと思い込んで、わけもわからず、わけがわかっても、とにかく本を読む。本ばかり読んで知識をふやし、それを博学多識といってありがたがった。教養をありがたがる。

どうしてそうなったのか。

機械が動力をふるって、工場から人間を追い出したのである。機械の馬力は人力よりも大きいから、人間は、仕事を失い、馬力のできない事務をする人間となった。

それには、読み書き計算の能力をつけなくてはならない。社会が教えることを考えて学校をこしらえた。サラリーマンが生まれ、オフィスでふんぞり返るようになった。いかに馬力の大きな機械でもリテラシイ（識字）能力がないから事務所には入れず、サラリーマンは威張っていられた。

二十世紀の中ごろ、計算能力のあるビジネス・マシーンがあらわれた。これはオフィスで一部の事務を少しすることができたが、人間はのんきに、これを使って喜んでいた。

これが進化してコンピューターになると、おそるべき力を発揮し出した。人間を圧倒しはじめ、人間の知的作業を奪って、就職難をおこすまでになった。二〇四五年になると、人間はコンピューターに完敗するというのが二〇四五年問題である。

人間ともあろうものが、ユビをくわえて、便便とそれを待つという手はない。コンピューター力に負けない能力を開発しなくてはいけない。どうしたら機械に勝てるのか、考える人も多くはないが、これまでやってきたことを強化したくらいで仕方がないのははっきりしている。

コンピューターはリテラシイ力において一部、人間を追いつめている。いくら本を読んでみても、人間のリテラシイはコンピューターに及ばないだろうことは、すでにほぼ明らかになっている。

コンピューターが当分できそうにないのはおしゃべりだろう。ひとりごとはダメ、相手と話すだけでも充分でない、数人の人とおしゃべりをする。といって、ゴシップなど喜んでいては話にならない。新しい価値を求めて談論風発するのである。その間に、めいめいの頭はフル回転して、たのしい火花を散らす。うまくいけば大小の発明、発見が飛び出すかもしれない。これまでも、そういう例がいくつもある。

十八世紀のイギリスに、ルーナー・ソサエティというおしゃべり会があった。十名前後のメンバーが毎月、満月の夜に会したというので月光会（ルーナーは月の意）の名がある。

イギリスは産業革命によって世界のトップに立つことになったが、その産業革命を推進した新発明、発見の多くがこのルーナー・ソサエティから生まれたのである。

この例会に倣《なら》ったのかどうかわからないが、二十世紀になって、アメリカのハーヴァード大学にアカデミックなおしゃべり会が総長のお声がかりで生まれ、目ざましい成果をあげて、ハーヴァード大学の名を高からしめることになった。研究会ではなく、雑談話会というべきものであったのがよかったらしい。

こういう輝かしい先例があるのに、知的おしゃべり会は一向に広まらない。研究、勉強というと、部屋にこもって机に向い本を読み、ものを書くことであるという固定観念がそれだけ強力であるということであろう。いまもって、おしゃべりが高度の知的活動であると考えるのは常識ではない。

聴く知性とは

人間のことばはもともとは、読んだり書いたりするものではなかったのである。まず、しゃべることから始まる。

はじめは相手を考えずにことばを発することもあって、しゃべるというより、ひとりごとに近いことばである。

やがて、相手とことばをかわす会話が始まる。さらに学校へ行って教わるのではなく、生活の中で自然に話しの仕方を覚える。その段階でのことばは、おもしろく、たのしく、頭のはたらきをよくしてくれる自然な活動であることが明らかになる。

そこで、リテラシイがもち込まれる。リテラシイは声がない。あっても二次的である。おしゃべりとは頭のはたらきもまったく異なる。リテラシイにはなにより記憶がものを言うから、もの覚えのいいのが良い頭だとされる。

どれくらい覚えているか、学校ではときどき試験をしてチェックする。頭がよくても、忘れやすいのは劣った頭であるとされる。みなが忘れるのを怖れ、博覧強記をあこがれ、つまらぬことはどんどん忘れる創造的頭脳を劣等なりとした。近代教育の落とし穴である。

記憶力の超人的なコンピューターがあらわれて、こういう博覧強記の価値は暴落したはずであるが、頭の古い人が多くて、昔ながらの記憶型人間がエリートだという考えから自由になることができない。大部分がコンピューターと競合して、あえなく敗退することになる。それには二〇四五年を待つまでもないかもしれない。

おしゃべりは二人で成立する。しかし、二人では足りない。三人寄れば文殊の知恵、というように、二人より三人の方が、知恵が出やすい。しかし、三人でもなお足りない。五、六人が集まって、おしゃべりをすると多元的コミュニケーションが可能になり、おそらく最高の人知のあらわれる可能性が生まれるであろう。コンピューターをいくら集めても、おしゃべりをさせることはできない。

日本はほかの国に比べても、話すことばを軽んじてきた伝統がつよくて、会話ということもなく、ただ、ことばをかわしていた。スピーチということも、明治になるまでおこなわず、したがって、それをあらわすことばもない。明治になって、演説という訳語をこしらえたものの、演説のできる日本人はいなかった。その後、弁論、雄弁などのことばがあらわれたが、談話は文章に及ぶべくもなかった。

三人以上が集まってたのしく話し合うことはなかったが、ひとつおもしろい例外があった。数人が集まって、めいめいが句をつくる連句、俳諧が生まれたことである。その前に連歌があったが、ことばの交響ということにかけては俳諧連句に及ばない。

連句はしかし文語である、文字のことばの交響であった。話すことばで、おしゃべりのおもしろさを出すことに成功したのは、菊池寛の主宰する「文藝春秋」であった。座談会と呼ばれて、たちまち、広まったが、雑誌などの記事になったという点で、なお、文字的なしばりを受けていた。長い歴史がありながら、座談会文化を生むまでにはなっていない。形式はすぐれていても、話し手の能力にもうひとつ欠けるところがあったものと思われる。いま、座談会は知的な表現様式ということが難しい。せっかく世界に比を見ない新しい形式であるのに新しい文化を育てることが出来なかった。日本人が話すことばをバカにしているせいであろう。

文字ことばがコンピューターに侵食されつつあるのを見れば、活路は話すことば、それもひとりごとやふたりでの会話ではなく、何人かで、たのしく談論すれば、その間に、真に新しい着想につながる。雑談こそもっとも有望な頭の訓練ということになる。

文字を読む目の知性のほかに耳と口で話し、聴く知性のあることを、われわれは知らなかった。これはどんなに大きな損失であるか、もちろんお互いはよく知らない。

中国人は大昔、耳の方が目よりも高度の知性を育むことを知っていたようである。聡明。聡は耳の賢さであり、明は目の賢さであるが、順位は、聡、つまり耳の方が上である。そういうことばを移入させておきながら、日本人は耳を軽んじて、耳でする勉強を耳学問などと言っておとしめたのである。

おしゃべりの知的創造性

私は偶然、若いときにおしゃべりの知的創造性に目をひらかれた。

学校を出てはじめて勤めたところがおもしろくない。これでは自分がダメになってしまうと悩んでいると、他学科の同僚がなぐさめてくれ、勉強会をしよう、ふたりでは何だから、もうひとり加えようと、互いによく知っている友人（これも専門がちがう）も誘って三人会という雑学雑談会をこしらえた。

互いに勤めのある身。月一度、日曜に、三人のうちを持ちまわりの会場にして集まる。朝十時に始め、昼食をして夕方に終わるスケジュールでスタートしたのだが、話がおもしろくて、文字通り時を忘れる。夕食をして、九時ごろまで、しゃべり合う。おもしろいことに少しも疲れない。

軽い気持ちではじめた〝三人会〟、それぞれ自分の心の支えのようになって、四十年近くつづいた。メンバーがひとり欠けて元気を失い、もうひとりが亡くなって消滅した。

ふたりのひとりは国文学、もうひとりは中国文学、私は英文学。和漢洋三式が結びつけば、天下に敵なし、などといった高ぶった気持ちになった。

夢中になって、しゃべりまくっているうちに、他のことばが、自分の心にあるものを触発して新しいことを考えつくということがおこる。

少なくとも、私が、外国文学という読書中心の勉強をしながら、ものまねの域からいくらかでも出られたのは、まったく三人会のおかげである。もちろん、私に日本文学や中国文学の細かいところのわかるわけがない。それでいて、話の端々が、こちらの心の中で小さなセレンディピティをおこすらしい。おのずから、オリジナルな考え方が浮かぶ。ものまねを避けて、日本人にしかできない外国文学、文化の考察をいくつかつくることができたような気がする。

めいめいの専門が違うと、つまらぬ競争意識にとらわれる心配がない。トリなき里のコウモリ、のびのび、自由に、思ったことの限りをしゃべりまくる。調子にのって、それまで考えたこともないようなことが飛び出す。

二十世紀の初頭、イギリスにT・E・ヒュームという異才がいた。若くして、令名が高かったが、著書ひとつなく第一次世界大戦で戦死してしまう。その才を惜しんで友人のハーバード・リードが遺品のメモ類を整理、編集して、「思考集」(*Speculations*)として出版した。これは私の独断だが、イギリス人でもっとも独創的で切れ味のよい発想のできたのは、このヒュームであるようだ。

ヒュームはクラブやサロンのようなものをいくつもこしらえて、談論風発、考えやアイディアをしゃべりまくったらしい。自分でもおどろく着想が口から飛び出してくると、ヒュームはポケットに入れてもっているハガキ大の紙片に、ちょこちょこと書きとめる。のち遺稿集ができたのも、このカードがあったからである。

このヒュームのことを知って、ひどく感心したものの私は、そのころすでにやっていた三人会と結びつけることはなかった。ずっとあとになって、おしゃべりの活力という点で、かすかながら相通じるものがあるように思った。つまり、雑談・乱談のおもしろさ、威力である。おしゃべりは乱読以上に有益であると本気になって考えるようになる。

三人会が消滅してしまってから、新しい乱談の会をこしらえようと考えた。畑ちがいの人を数人集めるというのが、思った以上に困難であることを知ったが、なんとかしてクラブをこしらえる。〝ひとつでは多すぎる〟から、ふたつこしらえた。ふたつでも足りないから、三つ、四つとこしらえて、だんだんにぎやかになる。たいていの会で会うのが、年をとってからの新しい友人である。あまり古いつき合いだと、話すことが小さく、少なくなるきらいがある。

乱談のストレス解消

年をとってからの乱談には、若いときにないよさがある。気が若返るのだ。年を忘れる。おのずと元気もでる。

少し気分が重いと思っても、おしゃべり会に出て、話しているうちに気がしゃんとしてくる。夢中になって話していると、いつしか、気分のよくなかったことも忘れて、別人のようになり、足どりもかるく帰宅する。まだまだ、やれるという自信がわいてくる。

老人を悩ます姿なき敵はストレスである。現代医学はまだストレスが充分によくわかっていないようで、ストレス性の疾患には手が出ないらしい。老年でなくても苦しめられる腰痛なども大半はストレス性であるというから、治療の手がない。糖尿病にもストレス性のがふえているという。

老化もストレス性が少なくない。クスリも治療法もないが、乱談のストレス解消力は老化をおさえるアンチ・エイジングのもっとも有効な方法であるように思われる。

乱談の活力は老衰をおさえるばかりでない。若いときになかった頭のはたらきを促進する、若返る、などと考えるのは古い。うまくすれば高齢者は、若いときになかった知力、気力、精神力をのばして、若いときとは違った活力に満ちた生き方をすることができる。そういう高齢者がふえれば、高齢化を怖れることもない。

社会福祉としても、おしゃべり、乱談による精神の活性化はもっともおもしろい方策であるように思われる。

14

忘却の美学

知的メタボリック・シンドローム

そろそろ二十年近く前のことになるが、いわゆる通俗健康本を読んだ。たいしておもしろいとは思わなかったが、メタボリック・シンドロームという新しいことばを知った。脂肪が内臓にたまっておこる肥満でいろいろ不健康リスクをともなう、というのである。素人にはよくわからないから、そのうちに忘れてしまう。読んだ本の書名も覚えていないようになった。

そんなあるとき、頭が知識でいっぱいになった人間が、まるで、ものを考える力を失い、口の悪いのから「専門バカ」と言われたりするのはなぜだろうか、と考えていて、フト、忘れていたメタボリック・シンドロームのことが思い出された。

そうだ、頭にも似たようなことがおこるに違いない。知識をとり込みすぎ、それを使うこともなく、頭にためておくと、知的メタボリック・シンドロームになるのではないか。知識は有用であるが、消化し切れない知識をいつまでもかかえこんでいると、頭は不健康な肥満になるおそれがあるだろう。

知識が少なくて、利用が活発であれば、余分な知識がたまって、病的状態になることはないが、知識、情報があふれるようになり、さらにせっせと摂取していれば、消費されないものが蓄積されて、頭の健康を害することがありうる。

つまり、体のメタボリック・シンドロームに似たことが、頭においてもおこりうる。メタボリック・シンドロームは、二十世紀の終わりになってから注目された新しい障害であるが、知的メタボリック・シンドロームはいまだ気づく人もいないようである。そのきっかけになったメタボリック・シンドロームは、セレンディピティをおこしたことになる。少なくとも、私自身はそう考えた。

ただ、知的メタボリックがよくない、というだけでは、無責任である。どうしたらそうならないかをあれこれ考えた。医学ではメタボリック・シンドロームにならないために、散歩をすすめたようであるが、知的メタボリックは散歩だけでは対処できそうにないと考えていて、忘却を思いついた。いくら知識がふえても、どんどん忘れていけば、過剰になる心配はない。忘却は大切なはたらきであることに気づいた。忘却が活発であれば、知識過多になる心配は少ない。忘却がうまく働かないと、それほど摂取知識が多くなくても、余剰知識がたまって頭の活動を阻害するおそれがある。よく忘れるということは、頭のはたらきを支える大切な作用であると考えるようになった。

自然忘却の重要性

これが、常識的でないことははっきりしている。その問題をどうのりこえるか。われわれは子どものときから、忘れてはいけない、としつけられている。宿題などを忘れてくれば、学校で叱られる。忘れものがあれば、ときに、とりに帰ることもある。授業で習ったことすべて覚えていなくてはいけない。忘れてはいないか、たしかめるために、試験がある。忘れっぽいのは点が悪い。頭がいいのは忘れないでよく覚えている。そうきめてしまう。

たとえば、知識を食べものとすれば、忘却は消化、排泄に当る。ものを食べて消化、吸収する。その残りカスは体外へ出す。食べるだけ食べて、消化も排泄もしなければ、不健康な満腹、糞づまりとなって危険である。糞づまりを放置することはあり得ないが、知的メタボリック・シンドロームによる糞づまりは、うっかりすれば見逃されかねない。

そうなっては困るから、自然の摂理として消化、排泄が行われるようになっているのである。それが忘却である、と考えた。自然の摂理と言ったのは、そういう重要なはたらきを個人の努力などにまかせるのは危険だからである。うっかり、はたらかせなかったりしたら大事になる。そうならないために、自然忘却がある。とくに忘れようと思わないでも、自然に忘れられる。それについて、強弱の個人差があるようで忘却力のつよい人は頭がからっぽ近くになるまで忘れることができるのに、自然忘却力の弱い人は、覚えていなくてもいいことまで忘れない。これまでは、こういう忘れない人を優秀だと考えてきた。

自然忘却のもっとも重要なのは、睡眠中の忘却で、これはレム睡眠と呼ばれる眠りの間におこると考えられている。普通、一夜に数回のレム睡眠がおこる、とされる。ここで有用と思われる情報、知識のうち当面、不要と思われるものとが、区別、分別されて、廃棄、忘却される。頭のゴミ出しのようなものである。朝、目覚めて、たいてい気分が爽快であるのは、頭のゴミ出しがすんだあとで、頭がきれいになっているからである。

これが毎晩、自動的に行なわれているのだからおどろきである。なんの努力もしないで自然に忘却できるのだからありがたいと思わなくてはならないが、自然におこっていることは当たり前だとして無視する。それで、忘却の効用ということを知る人が少なく、努力を要する記憶をありがたがる、ということになる。

人間にとって死活にかかわる体のはたらきは多く自然のように見える。呼吸、血液の循環、睡眠など、みな自然におこなわれていて、とくに自覚的努力をしていない。そのために、そのありがたさが忘れられるのである。忘却もそのひとつと言ってよい。まったく忘れることができなかったら、人間は生きていられないだろう。それを忘れていられるのは忘却のおかげである。

自然な生活、変化のはげしくない生き方をしていれば、レム睡眠を中心とする自然忘却で充分頭は整理されるが、刺激の多い、多忙な生活をしていると、自然の忘却のはたらきだけでは忘却できないことが残る。それが鬱積すると頭のはたらきが悪くなり、重苦しい気分になったりする。倦怠を覚え、疲労がたまり、意欲も減退する。

面倒な問題をかかえた会議などでも、ある時間続けていると心理的圧迫が高まって活気が失われる。それで休憩をとる。外国ではコーヒー・ブレイクと言われる。そこで会議のことをひととき忘れると、めいめい気分一新、新たに考えたり議論する気持ちになるのである。

動きまわるのはたいへん効果がある。学校の授業には、休みの時間がある。小中学生だったら、外へ出て走りまわったりするのが望ましい。勉強家が、教室に残って、ノート整理などするのを得意がるが、考えが浅い。そんなことをしていれば、頭は勉強したことでいっぱいになる。次の時間の授業がうまく頭に入らない。それだけでなく、なんとなくユウウツになることが多い。外でとびまわっていれば、前の授業のことなどひととき忘れて、ハツラツとした気分になる。前の時間の授業のことを半ば忘れて次の授業に臨めば、授業はすらすら頭に入る。

スポーツをすると勉強ができない、そう思っている人が多いが、スポーツをする、勉強もつよい文武両道の子どももある。スポーツの練習で勉強の時間が少ないのに、勉強ばかりしている生徒より学業の成績がよいということがある。スポーツで、頭をきれいにしているからであろう。

ある大学生は陸上競技の選手ながら、なかなかの学業成績をあげていた。もっと学科の成績を上げようと、スポーツをやめてしまった。ところが、結果は、予想を裏切った。スポーツの練習で忙しかったときより成績が下がってしまった。その人はあわてて、また陸上競技を再開、成績も復活したという。スポーツが忘却によって学習効果を高めていたのであろう。

不眠不休は大働きのように見えるが、疲れて、あまりよい成果が得られないことがあるのも、忘れる時間がないからである。

いざ忘れようとすると、かえってなかなか忘れられるものではない。ことに、おもしろくない、いやなことなどがあると、少しでも早く忘れてしまいたいと思うのが人情である。ところが、あいにくのことに、頭にこびりついて忘れられない。いろいろ工夫して見つけたのが、ヤケ酒である。ぐでんぐでんに酔っ払えば、さしものいやな思いもさらりと忘れることができる。体にはよくないであろうヤケ酒は、心理的には百薬にまさるところがある。それをはじめて見つけたのはかなりの人間通だったと思われる。

新忘却のすすめ

二十世紀に入って人類は、それまで知らなかった新しい〝敵〟をもつことになった。ストレスである。ストレスは、心労、緊張、苦痛などの刺激によって引きおこされる。一時的ではなく持続的に生体を圧迫することでおこるとされる。ストレスの研究がすすみ、かなり多くの疾患がストレスによっておこっていることがわかってきた。多くの人が悩む腰痛なども多くはストレスが原因であると考えられるようになった。糖尿病もストレスによるケースが少なくない。ガンなどはストレスによるものが多いことは早くから疑われていた。

なぜストレスが疾患の原因になるのか、よくわかっていないようであるが、有害な刺激が蓄積されるのがいけないことはかなりはっきりしている。

そうだとすれば、そういう有害刺激を速く忘れ、発散させるのは有力な保健法になるだろう。

はっきりしたことはわからないが、ものごとにこだわらず、さっぱりしている人にはストレス起因の病気にかかりにくいようである。どんどんものを忘れるのは健康であると考えていいかもしれない。

さらに頭をきれいにする、はたらきやすくすることで、忘却は記憶以上のことをすることができる。知識によって人間は賢くなることができるが、忘れることによって、知識のできない思考を活発にする。その点で、知識以上の力をもっている。

これまできらわれてきた忘却に対して、こういう創造的忘却は新忘却と呼ぶことができる。これからますますこの新忘却が大きな力をもつようになるだろう。

その新忘却もセレンディピティの発見であったと考える。

記憶は新陳代謝する

記憶と忘却は、前にものべたが、仲がよくない。記憶のよい人は忘却力が弱いし、忘れっぽい人は記憶が苦手である。

しかし、記憶と忘却が力を合わせているのではないかと思われることがある。思い違いである。

一般的に、思い違いは記憶のおこすミスであると考えられている。私自身のことを書く。

何十年か前に、「ひとつでは多すぎる」(One is too many)というしゃれたことばを見つけて、おりにふれて引き合いに出していた。あるとき出典をきかれて、記憶していた通り、ウィラー・キャザーというアメリカの女性作家の『マイ・アントニア』という小説であると答えた。その後も、ずっと、そう思ってきた。

さきごろ、私の本の中で、またこの句を引用し、出典はキャザーの『マイ・アントニア』であると書いた。厳密な編集者がたしかめたところ、私のいう『マイ・アントニア』ではなく、同じ作者の『ロースト・レィディ』という小説の中にあることをつきとめた。私は記憶違いを恥じなくてはならなかった。そして、なぜ、こういう誤りがおこるのかと考えた。そして、思いがけないことを見つけた。

記憶が新陳代謝をするということである。

記憶は忘却の力を借りて代謝をおこし、再生されるらしい。

記憶はそのまま保持されるのではなく、忘却によって変化させられる。そのあと、忘却し切れなかったものが、再生される。この記憶もしばらくするとまた忘却のスクリーニングを受けて少し変貌する。

これを繰り返しているうちに、もとの記憶が、大きく、あるいは少し変形する。その変化は美化であって、醜悪化されることは少ない。忘却は記憶を改善（？）する作用をもっているように思われる。

芥川龍《あくたがわりゅう》之《の》介《すけ》の短篇「秋山図」は名画の記憶がテーマである。煙客翁《えんかくおう》という人が若いとき名画・秋山図を見せられて感動。その後、もう一度、と願ったが拒否される。

何十年もして、名画の持ち主が変わって煙客翁はようやく再見を果たす。ところが、眼前の画は記憶の中の画とは比べものにならないほどみじめなものであって、ショックを受けるのである。

これは記憶違いではない。記憶と忘却が作品を美化していたのである。時間の経過が必然的にもとのものを忘却する。そしてそのつど、美化させる。やがて、実物よりはるかに美しいものが記憶され、回想の中の姿になる。幻滅は、こういう記憶の変化、忘却による浄化によっておこる。それが記憶の新陳代謝だと考える。

記憶はいつまでももとのままであるのではなく、忘却によって、少しずつ変化する。しかも、よりよく変化する。

ふるさとの思い出は甘美である。しかし、はじめからそうであったわけではない。ふるさとを離れて時がたてば、おのずから記憶がうすれる。それを回想すると、なつかしいふるさとが生まれる。忘却をくぐってきた記憶、つまり、回想はつねに甘美である。甘美でないものは消える。

イギリスの詩人、ワーズワースは「詩は回想によって生まれる情緒である」ということばを残しているが、生《なま》の情緒では詩にならない。時がたって、忘却によって加工、修正された記憶の情緒が詩になる、というのである。

戦後の俳句の流行は目ざましい。その割に目ざましい作品が少ないように思われるが、ひとつには、ここでいう忘却作用を拒んでいるためではないかと思われる。しきりに吟行がおこなわれる。新しいところを訪れてひとしきり遊行、座につくと、そこで、嘱目《しょくもく》を句にするという順序である。ホヤホヤの印象は、もちろん、回想にならない生の印象である。それを、句にするというのは無理がある。昔の人が、「大工は生木で家を建てない」と言った。乾燥した木材は生木と違って安定している。吟行でよい句を得ようとするのは誤りではないか。何年もしたら熟して、回想の抒情ができるようになるだろう。

記憶は原形保持を建前とするが、そこから新しいものの生まれる可能性は小さい。忘却が加わって、記憶は止揚されて変形する。ときに消滅するかもしれないが、つよい記憶は忘却をくぐり抜けて再生される。ただもとのままが保持されるのではなく、忘却力による創造的変化をともなう。

それで、美しさが生まれるのである。なつかしさも生まれる。忘却はある種の創造がおこなっているのである。新忘却の思考は、そういうはたらきを見のがさない。忘却は、記憶に対して破壊的であるけれども、一部では、記憶を回想に美化させるはたらきをもっている。

美しい回想は記憶と忘却のはたらきによるというのが新しい忘却の美学である。

15

散歩開眼

「私の頭は、歩いてやらないと眠ってしまう」

だいぶ前のことになるが、かつての私の教室にいた人が、絵を画いて、個展をひらいた。招かれて見に行って、帰りにその人をご馳走《ちそう》した。絵には感心しなかったので、一枚作品をくれるというのを辞退した。

雑談をしていて、私が散歩を日課にしているというと、何を思ったか、アマチュア画家が散歩をけなした。目的もないことをするのはいやだ、何のために散歩するのかわからない、そんな散歩はいやだ、だから散歩しないんだ、と彼は言う。きいていていてハラが立った。かりにもこうして食事をさせている。ホストに対して何たる言い方だ。彼の絵だって、なんのために画いているのか、わからないではないか。

そんな話になって、はなはだ不愉快であった。帰ってきて、自分はどうして、散歩をするようになったのかを思い返した。

なんでもすぐ忘れてしまう人間だから、思い返したって覚えていることは知れている。しかし、もともと、散歩などということを考えたことのない日本人である。気がついたら自然に、歩くようになっていた、というのではないのは、はっきりしている。

最初の記憶は、イギリス人の話である。どこで読んだかは忘れてしまっているが、要点は忘れない。明治の中ごろである。神戸へ上陸したイギリス人が、遠くに見える山をさして、何という山かときいた。神戸の人は、それに答えられなかったが、六甲山《ろっこうさん》の山なみだった。イギリス人は、明日、登ってみようといって日本人をおどろかせた。用もないのに歩いて六甲山へ行くといった酔狂なことを考える日本人はいなかったのである。

つぎに覚えているのは、ドイツの哲学者が毎日、きまった時間に散歩する習慣であったという話で、これも、どこで読んだか覚えていないが、京都の哲学者たちが、それにならって散歩し、哲学の道と呼ばれていることを知った。哲学者は散歩するらしい。

そう言えば、ギリシアの昔、学問をする人たちは、机上に向かって本を読むのではなく、めいめい歩きながら、哲学を論じたという話が新鮮であった。勉強は机に向かってするものと考える日本人には、歩きながら哲学を論ずるというのがおもしろかった。

いちばんつよく感銘をうけたのは、モンテーニュのことばである。『随想録』をそぞろ読みしていて、「私の頭は、歩いてやらないと眠ってしまう」という意味のことをのべている。

ものを考えるのに、歩くことがいかに大切かということをこれほどはっきり言っているのを知らなかった。私に散歩への眼を開かせてくれたのはモンテーニュである。

まず、まわりに、散歩をすすめた。先輩に向かって、散歩をしなくては、知的ではありえない、などと大言をはいた。その先輩は住まいを新築して新しい土地に移ると、毎日のように散歩した。学校のない日は、ひる下がり近所を歩いた。しばらくすると、奥さんが近所の奥さんから、「お若いのにおうちをお建てになったのに、たいへんでしょう」と言われた。その意味が、家を建てたのに、職もなくぶらぶらしていて、暮らし向きがたいへんだろうと、同情、心配してくれているのだとわかって、夫婦して大笑いだった。その先輩は失業者と思われたのをおもしろがったが、散歩などまっとうな人間のするものではないという常識はつい先ごろまで生きていた。

散歩に対する信仰

私自身三十歳になったころ、偶然、歩きはじめたが、まだ散歩という考えはなかった。

書きものをしていると、行詰まる。どうもうまい考えが浮かばない。そんなとき、たいてい夜おそくだが、思い切って外へ出る。しばらくあたりを歩きまわる。そして帰って机に向かうと、さっき越えられないところが、なんとかのり越えられるようになっている。そんなことが何度かあって、そぞろ歩きが、頭のはたらきをよくしてくれるらしい、という見当をつけて、うまくいかないことがあると、歩くことにした。どこだったか忘れたが、〝歩けばことは解決する〟(solutur ambulado)というラテン語の句を知ってわが意を得たりと思ったこともある(このラテン語の記憶があやしい。誤っているかもしれないと不安である)。

そのころの私はどちらかと言えば、虚弱で、たえず体調を崩し、つとめを休んだ。中学生のときスポーツ選手みたいであったのがウソのようだった。どうも、運動不足がいけないらしいと気がついたけれども、人並みにゴルフやテニスをするなど思いもよらなかった。

歩くことくらいはできる。十分や二十分では運動効果はないだろう。それで一時間歩くことにした。目に見えるほどの効果はなかったが、歩いたあとの気分は爽快で世の中が明るくなったような気がする。

そんなとき、同僚に糖尿病のグレーゾーンだと健診で言われた人が、しょげているからなぐさめ励ますつもりで「糖尿病くらい散歩をすれば吹っとびますよ」と言った。何を根拠にそんなことを言ったか自分でもわからず、いつとはなしに忘れてしまった。

一年たって、その同僚が「おかげで糖尿病の心配なしと言われました。キミのおかげでありがたく思っています」とあいさつしたから面喰う。彼はまじめな性格だから、こちらが、半ばいい加減に言ったことばを真にうけて、毎日、せっせと散歩したという。一年してその効果があらわれたのである。

その話をきいて、私は改めて、散歩が健康によいということを納得した。頭のはたらきによいということの方が、少し先行したが、体のためにもよい効果があるらしいとわかって、散歩に対する信仰に近いものが生じた。散歩の発見である。

それからかなりして、お医者が散歩をすすめるようになり、新しがり屋は万歩計をつけて得意になった。ひところは、あいさつ代わりに、「今日、何歩歩きましたか」などという人もあった。

私は万歩計には目もくれず、毎日、一万二千歩くらいを目途にして自由に歩いた。年をとるにつれて、歩数をへらしてはきたが、いまも、八千歩を下ることは少ない。八十歳をこえるころから、散歩の効果がいっそうはっきりしてきたようである。

病院でずっと毎月の定期診で、血液検査を受ける。七十代では高すぎたり（H）低すぎたり（L）というコメントが五つも六つもついたが、八十歳をこえると、へり出し、九十歳になって、すべてOK、となった。47項目のすべてがノーマーク。「その年で、りっぱです」と主治医からほめられていい気持ちであった。すべてが散歩のおかげだとは言えないにしても、散歩なくしてこの成績はないだろうと思っている。

新しい思考を求めて

頭のはたらきにとって散歩はいっそう大きなプラスをもたらすと考えるようになった。

子どものときから、勉強は机に向かって本を読むことであるときめていて、日に十時間くらいものを読む生活が長くつづいた。知識はそれによって増加しただろうが、知識がふえるのは、それほどおもしろいことではないように思え出した。

人間の頭は知識を記憶するためにのみあるのではなく、新しいことを考え出すのが大切なはたらきであると考えるようになったのである。しかし、どうしたら、新しい考えを生み出せるか。本を読むだけでは充分でない。それどころか本を読みすぎると、知識バカになるおそれがあるということに気づいて自分でもおどろいた。

どうしたらものを考えられるようになるのか。

だれも、それを教えてくれない。本もない。自分で見つけるしかない。

そして、散歩を見なおした。体のためだけではなく、新しい思考をするためには、机に向かっていてはいけない。外へ出て、あてどもなく歩いていると、新しいアイディアが浮かぶ。いつもというわけではないが、他のことをしているときより、はるかにしばしば、アイディアが湧いてくるような気がする。

散歩に出るときは、メモの用紙とペンか鉛筆をもって出る。いつアイディアがあらわれるか、わからない。浮かんだ着想は、その場でとらえないと、すぐ隠れてしまう。いったん消えると、いくら思い出そうとしても、二度とあらわれないことが多いからである。

ヨーロッパの人は、ゆるやかな下り坂を歩いているときによい着想が得られると考える人があるようだ。汗をかいたあとがいい、という人もある。眠ったあとがよい、という説もある。

私は散歩派だから、散歩にかける。

散歩のような読み方

足がリズムをもって動いていると、頭も同じようにリズムをもってはたらくのであろう。歩き出しはまだ、頭は不活発で、きのう、きょうの、些細《ささい》なことが頭の中でうごめいている。

しばらく歩いていると、そういう雑念が雲が流れ去るように消えていく。三十分もすると頭はいい状態になるようだ。

そこへ、以前考えかけて、そのままになっている問題などがひょっこりあらわれて、おもしろそうに見える。

それにかかずらわっていると、それとまるで関係のないことが姿をあらわす。ニュー・フェイスである。気をつけないと、また消えてしまう。メモ用紙をとり出して、心覚えを書きとめる。せっかくメモをとったのに見返さないのが私の欠点で、おもしろい考えをどれくらい消失させたか知れない。

知識を得るには本を読むのがもっとも有効であるが、残念ながら思考力をつけてくれる本は少ない。ものごとを考える思考力を育んでくれるのは散歩である。

最近、本を読むにも、散歩のような読み方をすれば、思いがけないことを発見できるのではないかと考えるようになった。乱読である。乱読によっておもしろいアイディアが得られる。

16 朝の思想

1

〝朝飯前の仕事〟

子どものころからずっと勉強は夜するもののように思っていた。もっとも、小学生などは学校以外の勉強を考えなかったから、夜も昼もない。

中学校へ入ると、期末試験がある。ふだん勉強していればあわてることはない。教師はそんなでまかせを言うが、ふだん努力していても、試験までに少なからず忘れる。それで試験勉強となる。ひどいのになると、試験の前日になって猛勉強、猛勉をする。それを一夜漬けと言ったものだ。勇ましいのは徹夜をする。そんなことをすれば、試験のときには頭がボーッとしていて、点をとりそこなうだろう。そんなことを心配するものもなく、学校も、徹夜の愚かさを教えることもなかった。徹夜をして、頭を悪くしたものがかなりあったのではないか、と思われるが、夜学信仰にまどわされて、反省されることもなかった。体にもよくないことははっきりしているのに、だれも、注意するものとてなかった。いい加減なものである。

大人たちは、夕食をすませてから、〝夜なべ〟という夜の作業をする。とにかく、夜は書き入れどきである。夜おそくまではたらくのはたらきものであった。

私は長い間、人間が、夜の勉強、夜なべの仕事をするようになったのは、電灯があらわれて、夜を長くし、明るい夜の時間をのばしたためだと思っていた。しかし、それは誤りであった。

昔から、夜、本を読む習慣があったのである。夜学、夜業は電灯のせいではない。夜、勉強する、という思想はずっと古くからあった。

そう考えるきっかけになったのが〝螢雪〟ということば。螢の光、窓の雪の光をたよりに本を読むことで、〝螢の光、窓の雪〟と歌にもうたった。本を読む、というような非生産的なことのために忙しい昼の時間を割いてはもったいないと考えたのかもしれない。いまでも、企業につとめる人は、昼の間にできなかったことを、夜の残業で片づける。

あるとき、〝朝飯前の仕事〟ということばに興味をもった。夜業ばやりの世の中、朝飯前、というのがおもしろい。朝の価値に気づいていることばである。

辞書を見ると、〝朝飯前〟に、「①〝朝食を食べる前の一仕事で仕上げられることから〟きわめて簡単なこと。非常に容易なこと」「②朝食を食べる前」（大辞林）とある。

これでみると、朝飯前は、あっさり片づけられる仕事の意味である。それが正しいのだろうが、なぜ、朝飯前の仕事が、かんたんな仕事となるかというところの説明が欠落しているように思われる。

朝飯前が、容易に片づく仕事の形容になった理由があるはずで、それは、朝起きて食事をするまで、人間の頭も体もたいへんよくはたらく。疲れていないからテンポも速い。厄介なことでも、さっさと処理できる、という隠れた意味があるはずで、つまり、仕事がかんたんなのではなく、朝飯前の時間の能率がよいことをあらわしたのではないかと考えた。

朝の時間の礼賛が本意であろう。

夜の勉強、仕事は一切しない

たまたま中国文学の学者と雑談していて、
「なぜ、朝廷、というか知っていますか」
ときかれた。もちろん、知るわけがない。
きいてみると、中国の昔、君主が政治をする役所は朝の日の出とともに開いたと
いわれる。それで朝廷の名が生まれた、というのである。朝飯前よりももっとはっ
きりした朝の思想である。たいへん感心し、改めて、朝の時間の大切さを教えられ
たような気がした。
ウォルター・スコット（Walter Scott）は歴史小説で知られる昔のイギリスの小
説家で、ひところは日本でもかなり読まれたが、おもしろいエピソードがある。
面倒な問題があって、みんなでいろいろ話し合っても、解決策があらわれない。
一同こまっていると、スコットは言った。

「いや、くよくよすることはない、あすの朝になれば、自然に名案があらわれるさ……」

口ぐせのように、そう言っていたそうで、それがよくその通りになって、まわりを感心させた、というのである。

夜いくら考えても、うまくいかないことも、朝になれば、おのずと名案が浮かぶものだということを信じていたのであろう。

ドイツのヘルムホルツ（Helm holtz）は有名な生理学者・物理学者である。その学問的業績についてはまったく不案内であるが、ただひとつエピソードを覚えている。どこかで読んだことに違いないが、その本はすっかり忘れた。

ヘルムホルツは、朝、床の中で論文を書いた、というのである。〝何年何月何日、朝、床中にて〟と記された論文がいくつもある、という。哲学ならともかく、自然科学の論文をベッドで仕上げるというのが珍しい。人々が噂にしたのも無理はない。朝飯前の論文だったわけだが、後世に語り伝えられる偉業をのこした。

こうして、私の朝の思想は少しずつふくらんでいたが、あるとき、決定的なことばに出会った。菊池寛《きくちかん》の文章を読み散らしていたときである。「私は、夜など、一行だって書こうと思わない」というのである。菊池寛は当代切っての流行作家である。一般の文士といわれる人たちは、すべて夜行派で夜にならないと仕事をしない人たちばかり。そういう中で、一切、夜の仕事をしない、というのは思い切ったものである。それを天下に公言するのはたいへんな勇気である、と感銘した。それまでいろいろ耳にし、目にした朝の考えが、この一句で結晶したかのように思った。夜の勉強、仕事はいっさいしないことにする。早く寝て朝に期待するのである。

菊池寛のひとことが、私にセレンディピティをもたらした。その偶然をありがたいものに思っている。

月光文化から日光文化へ

あるときぼんやり考えていて、「あした」ということばに〝朝〟と〝明日〟の二つの意味のあることに興味をいだいた。なぜ、今日の朝でなくて、明日になるのか。

しかるべき本を調べればわかるかもしれないが、あいにくそういう本がない。辞書を見ても、それには触れていない。避けているのか、と思う。

似たようなことは「ゆうべ」でも見られる。ゆうべは夕べ、夕方のことであるとともに昨夜のことも指す。今夜と昨夜が同じことばであらわされているのはおかしいではないか。いくら昔の人がのんきであったとしても、こんなことを許すはずがない。

おもしろいことに、英語でも、そっくりのことが見られる。しかも、いっそうはっきりした形であらわれているのを見つけた。

〝今夜〟のto-nightに対して〝今朝〟のことをto-morrowとは言わない。to-morrowは〝明日〟のことになる（morrowは朝の意）。to-nightは今夜でto-morrowが今朝ならいいがそうではなく、明日になってしまうのはなぜだろうか。シロウト考えであるから、正しいという自信はないが、かつてのある時代に、一日の考え方が変わったために、こういう不具合（？）が生じたのであろうと推理したのである。

どういうことかというと、一日が朝からではなく、ひる、あるいは午後から始まり、翌日のひるに終わると考えると、このto-nightとto-morrowが別の日になることが納得できる。

一日は、きょう（to-day）（dayはひるの意）、to-night（夜）、to-morrow（朝）で一日をなしていたのである。ひるに始まり、ひるに終わる一日である（to-というのは名詞の第三格を示し、名詞を副詞化するもので、それ自体の意味はない）。つまり、一日はひる下がり夕べから始まり、朝を経て、ひるで終わるのが一日であった。

おそらく太陰暦の考えであろう。太陰暦では、ひる、ひる下がりで日付が変わる。夕方夕べで一日が始まるのである。朝はそのあとで、同じ日だと考えられていたのだろう。ひるまでで一日は終わる。

それを今も伝えるのが、クリスマス・イヴである。もともとクリスマス・イヴは、クリスマスそのものであったが、一日が夜中から始まるようになって、前夜になってしまったのである。その証拠（？）に十二月二十五日の夜はクリスマスを祝わない。

仏教では、命日の前の晩を逮夜《たいや》というが、やはりクリスマス・イヴのイヴと同じように、もとは当日であったのが、日付変更があとへずれたために、前夜になってしまったのであろう。

暦法の変更で一日の始まりを、夕方から早朝へ切りかえたために、かんたんに切りかえられないことばが少し混乱をした、というわけであろう。

人間の生活も、もともとは、夕べ夜から一日が始まる夜型が普通だったのかもしれない。朝型は新しいスタイルによっておこった新しい生活だったのである。それが、いまもつづいている、というのは、文化の持続性を物語るものとして注目しなくてはならない。夜型が伝統的、朝方は進歩的だったのである。朝型への移行はきわめて緩慢にではあるが、すすんでいるように思われる。

私の朝型生活の発見を、月光文化から日光文化への転換のごく小さな一コマであると考えることができるように勝手に考えている。

ひとの一生を考えてみても、はじめから終わりまで、夜型というのは少ないのである。若いときは、徹夜を苦にしなかった人が、年とともに夜に弱くなり早々と寝てしまう。その代り、朝は早く目がさめて困る人がふえる。深夜放送が人気をあつめる。それが自然の理に適っているのかもしれない。

私自身、若いときは、やはり、夜型であったような気がする。ただ、年をとる前に、朝の大切さに目覚めて、努力によって朝型に切りかえたのだ。老年を待たず、朝の時間の大切さを見つけたのは、旧暦から新暦への切りかえで、やはり、ひとつの発見である。

最高の状態にある朝の頭

夜より朝がよい。

朝を中心に生きていこうと考えていて、それまで、別のことだと思っていた忘却が新しい意味をもつことに気づいた。忘却は夜中にすすめられていて、朝、目のさめたとき、ほぼ完了している。朝の頭は、忘却による清掃済みの頭である。一日のうちでもっともよい状態にある。つまらぬこと、どうでもいいこと、いやなことの大部分がゴミのようにすてられていて清々しい。新しいことを受け入れるには最高の状態にある。一日のうちで、もっとも頭のよくはたらく朝は、忘却のおかげであると考えた。

忘却をすすめるには快眠が必要である。夜ふかししては、よく眠ることができない。そう考えたから、早起きを励行することにした。テレビなどで気になる番組があっても、あきらめて、九時になったら、就寝するようにする。

家族は不平らしかったが、かわいいわが頭のため、ひいては、健康のため、と言って寝てしまう。

それで頭がよくなったかどうかはわからないが、健康にはよかったらしい。繰り返しになるが、二十年ごしに、定期的に、健康診断、血液検査を受けている。七十代には、血液検査項目47のうち、H（過多）L（過少）が五か六あったように記憶するが、早寝早起きをするようになって、HもLもだんだんへった。そして先ごろの九十歳になって最初の検査では、全項目すべてよし、HもLもなし、ということになって主治医も少しおどろいたらしい。ひそかに、朝と忘却がいいのだと勝手にきめている。

朝の効用はそれだけにとどまらない。

散歩も朝の散歩ときめた。散歩は数十年前からしているが、歩くことが主体で、時間はきめていなかった。ひるの時間、勤めのない日に歩いたこともある。ただ、歩けばいい、と思っていたのである。歩いているほかの人も時間はまちまちであるように思われた。

あるとき、散歩をもっとも規則的にできるのは朝の時間であると気づいた。早朝なら、じゃまの入ることもない。

気分一新するには、近所をうろうろするのはおもしろくない。

早朝の地下鉄に乗って都心まで行き、皇居のまわりの周回道路を歩くことにする。毎日、歩く。六カ月定期を求める。そうすると、少しおっくうな朝も、せっかくの定期を遊ばせてはもったいないという気がする。心をはげまして出かける日もある。

早朝の地下鉄はガラガラに空いているが、朝の仕事のある人がいて、なんとなく同志のような気のすることもある。

散歩は体にいい。それ以上に頭のはたらきにいい、ということを知った、というより、悟ったのは、貧しいわが人生の中でひとつの事件であった。さらに、朝の散歩が人生のためにもよいと考えるようになった。

平凡な人間で、大したことは何もできないが、朝の思想、朝の生活を自得したことを喜びとしている。

朝の人間として一生を終わりたいと願っている。

あとがき

自分の本が出てもいっさい人さまにさしあげないと決めたのは四十年も前のことである。知っている著者の本は読まない方がよいと考え、それを自分の本で実行したのである。当然、いろいろ言われたけれども、屈せず自分の考えに殉じてこの方針を貫いてきた。

それとは別に外国語の読書でよく読めないつらさをつぶさに味わった。それで、正しく読みとることは困難だと悟ったが、それと同時にそういう間違いだらけの読みが思いもよらない発見をもたらすことに気づいた。それをセレンディピティのように思ったのである。この本は具体例によって、それを明らかにしようとしたものである。乱読の功である。

実は、さる七月（二〇一三年）の東京国際ブックフェアで、講演のひとつを割り当てられ、読書と思考について話をした。その副題が「乱読のセレンディピティ」であった。

本書の一部は、そのときの講演と重なるところもあるが、大部分は新稿である。乱読の思わぬ効用がいくらかでも伝えられていれば幸いである。

出版に当って扶桑社第三編集局書籍第3編集部の山口洋子さんからたいへんお世話になった。ありがたく感謝している。

二〇一四年　立春

外山滋比古

ブックデザイン　ヤマシタツトム
イラスト　祖父江ヒロコ

本書は二〇一四年四月、扶桑社より
刊行した『乱読のセレンディピティ』
に追記し、文庫化したものです。

外山滋比古（とやま・しげひこ）

1923年、愛知県生まれ。お茶の水女子大学名誉教授。

東京文理科大学英文科卒業。雑誌『英語青年』編集、東京教育大学助教授、お茶の水女子大学教授、昭和女子大学教授を経て、現在に至る。文学博士。

英文学のみならず、思考、日本語論などさまざまな分野で創造的な仕事を続け、その存在は、「知の巨人」と称される。

著書には、およそ30年にわたりベストセラーとして読み継がれている『思考の整理学』（筑摩書房）をはじめ、『知的創造のヒント』（同社）、『日本語の論理』（中央公論新社）など多数。

多くの知の探究者に支持された本書の続編『乱談のセレンディピティ』（小社）は、ビジネスマンの耳目を集めている。

乱読《らんどく》のセレンディピティ

思《おも》いがけないことを発見《はっけん》するための読書術《どくしょじゅつ》

発行日　2016年10月10日　初版第１刷発行
　　　　2024年10月10日　　　第14刷発行

著　者　外山《とやま》 滋比古《しげひこ》
発行者　秋尾 弘史
発行所　株式会社　扶桑社
〒105-8070　東京都港区海岸1－2－20 汐留ビルディング
電話 03－5843－8842（編集）
　　 03－5843－8143（郵便室）
www.fusosha.co.jp

印刷・製本　中央精版印刷株式会社

ISBN 978-4-594-07558-3